Erika Meyer-Glitza

JACOB DER ANGSTBÄNDIGER

Geschichten gegen Kinderängste

iskopress

Erika Meyer-Glitza: Jacob der Angstbändiger.
Geschichten gegen Kinderängste
ISBN 978-3-89403-197-8
7. Auflage 2013
Copyright © iskopress, Salzhausen
Umschlag und Illustrationen:
Mathias Hütter, Schwäbisch Gmünd
Druck und Bindung: Aalexx Buchproduktion,
Großburgwedel

**Bibliografische Information der
Deutschen Bibliothek**
Die Deutsche Bibliothek verzeichnet diese Publikation in
der Deutschen Nationalbibliografie;
detaillierte bibliografische Daten sind im Internet
über http://dnb.ddb.de abrufbar.

Inhalt

An die Erwachsenen 5

Liebe Kinder 10

Martins Reportage 11
Ausgegrenzt und nicht anerkannt werden

Peter Farbenkleckser hat eine Idee 15
Trennungs- und Verlustangst

Pony Pellkartoffel 22
Schüchternheit

Das Trödelödeli 29
Angst vor Veränderung

Jacob der Angstbändiger 35
Angst vor Hunden

Die Abzocker 44
Angst vor Gewalt

Stichel 48
Reaktion nach Trennung der Eltern

Sofie holt sich Rat 51
Geringes Selbstbewusstsein

Der Klau-Max 57
Angst aus schlechtem Gewissen

Der Sorgenpulli 65
Übermäßige elterliche Sorge

Onkel Bruno kennt einen Trick 68
Monster-Angst

Die Nasch-Hexe 73
Essprobleme, Angst vor Liebesentzug

Eine unheimliche Nacht **78**
Neue Erfahrung als Wachstumsschritt

Die Prinzessin und der Hofnarr **81**
Angst durch Überbehütetwerden

Paulas Sorgenpuppen **88**
Einschlafstörung, kleine Tagessorgen

Entspannungs-Übung für Kinder **91**

Literatur **94**

An die
Erwachsenen

In der Zeitung las ich kürzlich folgenden Bericht: Der fünfjährige Adrian aus Mittelengland litt unter Platzangst. Wenn er ins Freie sollte, schrie er vor Angst, schlug mit den Fäusten auf sich selbst ein und rannte mit dem Kopf gegen die Wand. Der einzige Platz, an dem er sich sicher und behaglich fühlte, war vor dem Fernsehgerät in seinem Zimmer. Dort sah er sich immer wieder sein Lieblingsvideo an: Disneys „101 Dalmatiner". Nur das beruhigte ihn.

Man kann sich vorstellen, wie dieses Problem das Familienleben belasten musste.

Glücklicherweise kam schließlich jemand auf die erlösende Idee: Adrian durfte sich einen echten Dalmatiner-Welpen aussuchen. (Der Hund wurde durch eine Spende finanziert.) Keine Woche später nahm Adrian seinen Hund an die Leine und sagte unaufgefordert: „Wir gehen kurz Gassi."

Diese Begebenheit zeigt, dass es manchmal überraschend einfache Lösungen für komplizierte Probleme gibt.

In diesem Fall war das Entscheidende, dass sich jemand in das angstvolle Kind hineinversetzte. Der Erwachsene nahm das Kind ernst, er überlegte, auf welchem Gebiet es sich auskannte und sicher fühlte.

Natürlich kann und will nicht jede Familie einen Dalmatiner kaufen. Auch wäre dies wahrscheinlich nicht für jedes Kind mit ähnlichen Problemen die passende Hilfe. Trotzdem steht fest, dass oft kleine Anstöße genügen, um große Veränderungen zu bewirken.

In diesem Sinne sind auch die vorliegenden Geschichten zu verstehen. Ihnen liegen langjährige Erfahrungen im therapeutischen Kontakt mit Kindern und ihren Familien zugrunde, und sie haben sich als Medium in Kindertherapien bewährt.

Viele Elemente dieser Arbeit sind in den Geschichten enthalten. Drei wesentliche Prinzipien möchte ich näher erläutern:

Den „Feind" draußen suchen
(Externalisierung)

Im Allgemeinen gilt ein Kind, das Angst hat, als ängstliches Kind, ein Kind, das lügt, als verlogen, und ein ewig trödelndes Kind als phlegmatisch. Das sind Stempel, die man nicht so schnell wieder los wird.

Darum suchen wir den „Feind" draußen: Wir erfinden mit der Familie zusammen humorvolle Namen für das Problem: „Die Angstscheuche", „das Schwindelgespenst", der „Schneckengeist". Es geht nun nicht mehr darum, dass das Kind schon wieder Angst hatte, sondern dass die „Angstscheuche" das Kind im Griff hatte. Damit ist der Schwerpunkt nicht mehr auf das „gestörte" Kind gelenkt.

Nicht nur Kinder, sondern auch Eltern fühlen sich durch diese Sichtweise sehr entlastet. Sie müssen sich nicht selber die Schuld geben, sondern können gemeinsam mit neuem Mut daran gehen, diese unbequemen „Geister" endlich wieder loszuwerden.

Diese Form der Verarbeitung kommt dem magischen Denken kleiner Kinder besonders entgegen, ist aber auch für größere geeignet.

Die humorvolle Atmosphäre, die daraus entsteht, ist dann ein guter Boden, sich eher aufbauenden Themen zuzuwenden:

Die Suche nach Ausnahmen und Stärken

Gab es einmal eine Situation, in der das Kind die Angst überwunden hat? Wie hat es das geschafft? Was hat ihm dabei geholfen? Diesen Fragen gehen wir sehr ausführlich nach.

Es ist immer erfreulich zu sehen, wie sich durch solche Fragen die Atmosphäre verändern kann: Die hypnotisierende Wirkung des Problems lässt nach, und die Aufmerksamkeit ist auf die Fähigkeiten des Kindes gerichtet. Das hat eine sehr befreiende Wirkung. Die Kinder atmen sichtbar auf und schöpfen wieder Hoffnung. Mit der damit verbundenen Veränderung des „Familienklimas" ist eine wesentliche Voraussetzung für die Bewältigung der Ängste geschaffen.

Die Motivation zur Veränderung stärken

Niemand gibt ein gewohntes Verhalten auf, ohne dass ein Anreiz dafür da ist. Manche Verhaltensweisen bringen doch, so negativ sie auch erscheinen mögen, gewisse Vorteile mit sich. Zumindest kann man durch negatives Verhalten Beachtung bekommen. Da wirkt es motivierend, wenn mit den Kindern kleine Belohnungen für erste Erfolge verabredet werden. Denn die neuen Entwicklungsschritte sind oft schwer errungen und sollten gebührend beachtet werden.

Ist ein besonderer Durchbruch gelungen, kann die Familie diesen Erfolg durch eine Urkunde würdigen und mit einem kleinen Familien-Ritual (gemeinsames Schwimmen, Eisessen, eine Radtour – je nach Interesse des Kindes) feiern. Das ist dann zusätzlich eine Bereicherung des Familienlebens.

So haben diese unangenehmen „Angst-Geister" nach ihrer erfolgreichen Vertreibung letztlich doch auch etwas Gutes bewirkt.

Wie wirken die Geschichten?

Die Geschichten sind als erster Einstieg in die Problematik eines Kindes mit Angstschwierigkeiten gedacht. Sie können aber auch vorbeugend zur Stärkung des Selbstbewusstseins dienen.

Kinder lieben Geschichten. Sie können sich mit den beschriebenen Kindern identifizieren und machen die entlastende Erfahrung, dass

auch andere ähnliche Probleme haben und sogar erfolgreich bewältigen.

Die Kinder haben beim Zuhören oder Lesen
die Freiheit, eine Verknüpfung mit ihrer eigenen Geschichte herzustellen, ohne das Gesicht
zu verlieren. Sie können Ideen sammeln, um
sich dann die zu ihnen passende auszuwählen.
Darüber hinaus bewirkt die entspannte Vorle-
se-Atmosphäre vielleicht, dass sie beginnen,
zum ersten Mal über ihre eigenen Ängste zu
sprechen. Dann ist schon der erste entscheidende Schritt zur Lösung getan.

Liebe Kinder

Jedes Kind und jeder Erwachsene hat ab und zu Angst. Das ist auch gut so, sonst wäre man vielleicht viel zu unvorsichtig. Aber ich kenne viele Kinder (und Erwachsene), die einfach zu viel Angst haben. So, dass es im Körper ganz dunkel und eng wird, wie im Keller. Sie können nicht mehr tief atmen und mögen nicht mehr richtig essen und spielen. Das ist ein scheußlicher Zustand.

Aber dagegen kann man etwas tun! Zum Beispiel das, was Jacob, Lisa, Timo und die anderen ausprobiert haben.

Ich wünsche Euch Spaß beim Lesen oder Zuhören und viel Erfolg beim Angst-Bändigen, falls Ihr mal in eine solche Lage kommen solltet.

Martins Reportage

„Waschlappen! Angsthase! Feigling! Wickelkind!" Martin ließ den Kopf hängen. Der Heimweg erschien ihm dreimal so lang und die Schultasche viermal so schwer auf seinem Rücken wie sonst. Sie hatten ja recht, dachte er, er war ein Angsthase, er taugte eben nichts. Klar, dass sie sich über ihn lustig machten, wenn er sich nicht mal traute, Fußball zu spielen, aus Angst, der Ball könnte ihn treffen; wenn er im Schwimmbad nicht tauchen mochte, und wenn er sich die Ohren zuhielt, wenn es laut war. Er war eben kein richtiger Junge, das sagte Papa ja auch immer. Ein Stubenhocker war er, weil er gerne las, Legoburgen baute und sich Geschichten ausdachte. Papa war früher anders gewesen. Er war sportlich und hatte sechs Pokale und sieben Urkunden bekommen. Klar war er enttäuscht von ihm.
Peng! Da traf ihn auch noch ein Schneeball! Der Aufprall tat weh und der Schnee lief ihm

in den Kragen. Das gab Martin den Rest. Er konnte die Tränen nicht mehr zurückhalten. Er weinte und weinte und saß nachher mit roten Augen und Schniefnase am Mittagstisch. „Na, Kleiner, Ärger gehabt?", fragte sein Bruder ihn herablassend, ließ ihm aber gar keine Zeit zu antworten. Er hatte viel zu erzählen von seiner Projektwoche in der Schule, den Reportagen, die er gemacht hatte, wie er Leute über Umweltfragen interviewt hatte, richtig mit Mikrofon und Aufnahmegerät. „Später werde ich Reporter!", kündigte er an.

„Wenn ich doch auch so wäre wie er, so mutig, so schnell und sicher!", dachte Martin sehnsüchtig.

Am Nachmittag besuchte Martin seinen Großvater. Er mochte gern beim Großvater sein. Da war es ruhig und gemütlich. Großvater hatte immer Zeit, und Martin fühlte, dass er da so sein konnte, wie er war. Es machte dort nichts, wenn man Angst hatte, man war trotzdem ein vollwertiger Mensch.

„Großvater", fragte Martin nach einer Weile, als sie zusammen Milch wärmten für den Kakao, „hattest du eigentlich als Kind auch mal Angst?" Großvater lächelte vor sich hin: „Oh ja, ich traute mich eine Zeit lang nicht in den Keller, weil ich da einmal so ein Geräusch gehört hatte. Sicher war es nur 'ne Maus." („Diese Angst habe ich nicht", dachte Martin.) „Hast du dich denn getraut zu tauchen?" „Nee, höchst ungern, ich war überhaupt kein guter Sportler. Und du?" Martin erzählte ihm, dass er ein Feigling und Angsthase sei, weil er sich vor dem Tauchen und vor Fußbällen fürchtete.

„Unsinn!", schnaubte der Großvater, „es muss doch nicht jeder ein guter Sportler sein!" Dieser Satz gefiel Martin. Er schnaufte einmal ganz tief vor Erleichterung. Es klang so einfach und er wusste, dass es stimmte. *„Sollen doch die anderen ruhig die Olympiade gewinnen"*, murmelte der Großvater vor sich hin. „Wir haben unsere eigenen Qualitäten. Außerdem hat jeder Angst. Wenn du eine Umfrage machen würdest, könntest du das feststellen. Wetten, dass jeder Erwachsene zugeben muss, wenn er ehrlich ist, dass er schon mal Angst hatte?"

Eine Umfrage! Eine Reportage, wie sein großer Bruder sie gemacht hatte! Martin reizte diese Idee, ein „Angst-Forscher" zu werden. Er hatte ja sogar einen Rekorder, mit dem man aufnehmen konnte. Es würde ihn sehr beruhigen, wenn das, was der Großvater behauptete, wahr wäre! Aber er brauchte Unterstützung. „Großvater, würdest du mitmachen?" „Nein, Martin, dazu bin ich wirklich zu alt. Frag doch mal deinen Freund Felix!"

Am nächsten Nachmittag begannen Martin und Felix ihre Forschungen. Sie befragten gemeinsam Tanten, Onkel, Mütter, Väter und sogar den lustigen Dicken vom Imbiss an der Ecke. Es machte großen Spaß, zusammen Reporter zu spielen: „Guten Tag, wir kommen von der Angstforschung, dürfen wir ein paar Fragen stellen?"

Was dabei herauskam, war eine Forschung wert: Alle zehn Befragten hatten als Kinder (und auch als Erwachsene!) schon Angst gehabt!

Abends hörte Martin sich alles noch einmal an. Er hörte noch mal, wie Tante Thea Bauchweh und Herzklopfen gehabt hatte, wenn der Schularzt kam. (Die Angst kannte er nicht!) Und wie Felix' Opa sich gefürchtet hatte, alleine Bus zu fahren. (Dagegen war er ja mutig!)

Der Dicke vom Imbiss, der immer die Witzchen riss, hatte sich als Kind sehr gefürchtet, in die Schule zu gehen, weil er „Fettauge" und „Hefekloß" genannt wurde.

Selbst Martins Vater hatte Angst gehabt. Immer wieder hörte Martin es sich an: „Vor dem Nikolaus hatte ich große Angst und vor unserem Lehrer. Auch vor meinem Vater, der konnte sehr streng sein. Ja, ich hatte eigentlich oft Angst, nur anders als du! Und eins muss ich dir sagen: So eine tolle Reportage hätte ich in deinem Alter nicht hingekriegt!"

Am nächsten Tag und an den anderen Tagen ließ Martin den Kopf nicht mehr so sehr hängen in der Schule. Sie riefen immer noch „Feigling" und „Angsthase", wenn er nicht Fußball spielte. Von außen betrachtet war eigentlich nichts anders als sonst. Aber innerlich war es anders. Denn Martin *wusste jetzt, dass er kein Feigling war.* Das war der Unterschied. Das war das Wichtige. Er hatte jetzt eine gute Meinung von sich selber. Und ab und zu murmelte er dann vor sich hin: *„Ich will ja keine Olympiade gewinnen!"*

Und das Merkwürdige war: nach und nach ließen die anderen ihn immer mehr in Ruhe. Es macht nämlich keinen Spaß, wenn man versucht, jemanden zu ärgern, der sich einfach nicht ärgern lässt.

Peter Farbenkleckser hat eine Idee

„Immer ich!", schrie Laras Mutter. „Immer ich bin es, die den Abwasch macht! Guckt euch doch mal den Saustall an!" Irgendjemand zeterte dagegen an. Einer lachte. Türenknallen. Lara stopfte sich die Finger in die Ohren. Sie konnte es nicht mehr hören. Dieser ewige Streit ums Saubermachen, und trotzdem war es immer schmutzig. Alles lag rum. Eklig! Sie wusste nie, wo sie hier in der Wohngemeinschaft ein ruhiges Fleckchen finden sollte, um ihre Schularbeiten zu machen.

In der zweiten Klasse hatten sie schon viel auf. Jetzt schrieb sie auf einem Tablett in ihrem Bett. Es war schon acht Uhr abends. Wo Papa wohl war? Ob er wohl wieder so spät nach Hause kam? Dann würde es noch mehr Krach geben. Jetzt war er auch noch durch die Prüfung gefallen, und Laras Mutter hatte gestern gedroht, fortzugehen, ins Ausland, sie habe jetzt „die Nase voll".

Aber Lara wollte nicht daran denken, die Angst wurde dann zu groß, die Angst, dass beide Eltern gehen und sie alleine lassen könnten. Und überhaupt: Wie sollte alles werden? Ihre Gedanken flatterten wie kleine, ängstliche Vögel in einem zu engen Käfig. Sie müssten sich ruhig nebeneinander auf die Stange setzen. Lara versuchte verzweifelt, diese flatternden Gedanken zur Ruhe zu bringen. Sie tat es, indem sie sie einfach wegdrängte und sich mit anderem beschäftigte: Ob sie auch wirklich alles für die Schule gemacht hatte? Waren wirklich alle Matheaufgaben gerechnet? Lieber noch mal nachsehen! Ob sie auch keinen Fehler gemacht hatte? Wieder und wieder kontrollierte Lara alles nach. Fünf Stunden saß sie schon in ihrer Lernecke und hatte trotzdem das Gefühl, nicht ganz fertig zu sein. Lara musste perfekt sein. Das gab ihr ein kleines bisschen Sicherheit, daran konnte sie sich festhalten; es gab dann wenigstens etwas, was in Ordnung war in diesem ganzen Durcheinander.

Hatte sie auch wirklich nichts vergessen? – Da gab es schon wieder Krach. Vater war zurückgekommen. Die Eltern stritten sich jetzt ums Geld. Lara stellte ihren Walkman an, die einzige Möglichkeit, den Lärm zu übertönen.

In die Schule kam Lara am nächsten Morgen zu spät. Wenn die Lehrerin gewusst hätte, dass es eigentlich aus Gewissenhaftigkeit geschah, hätte sie wohl nicht so mit ihr geschimpft. Lara war nämlich noch zweimal zurückgegangen, um sicher zu sein, dass sie nichts zu Hause vergessen hatte und dass sie den Wasserhahn im Bad auch wirklich abgestellt hatte. In ihrem Kopf lief dabei eines ihrer Dauer-Gedanken-Programme ab: „Wenn der Hahn offen ist, läuft das ganze Haus voll Wasser – lieber nachgucken!" Auf die Erwachsenen konnte sie sich ja nicht verlassen.

Könnt ihr euch vorstellen, wie es ihr zumute war, als sie nun auch noch fürs Zuspätkommen gescholten wurde? Gerade sie, die doch perfekt sein wollte und sich so große Mühe gab!

Keiner ahnte aber, was in Lara vorging. Sie galt als braves, ordentliches, fleißiges Kind, und das Zuspätkommen passte nicht in dieses Bild. Keiner wusste, welches Gedanken-Ka-russell sie im Griff hatte, ein Karussell, das ständig läuft, ohne anzuhalten. Ein Karussell, aus dem man nur herauskommt, wenn man ab-springt, und das ist gefährlich. Laras Gedan-kenkarussell blieb aber nicht stehen. Es drehte sich eher noch schneller: „Ist der Hahn zu? – Hab ich nichts vergessen? – Sind die Aufga-ben richtig?" Und zu Hause wurde es immer unerträglicher. Keiner kümmerte sich richtig um sie, denn die Erwachsenen hatten ihre eigenen Probleme.

„Warum gehst du denn so komisch die Treppe rauf, Lara?", rief der Nachbar Peter Farben-kleckser lachend, als Lara aus der Schule kam. „Drei hoch, zwei zurück, da kommst du ja nie an!" Aber Lara lachte nicht zurück. Das mach-te Peter Farbenkleckser stutzig. Und da er zu den Menschen gehörte, die nachdenken, ging er nicht einfach weiter. Er schaute sich an, was

17

da vor sich ging, und spürte, dass Lara das nicht zum Vergnügen tat, sondern wie etwas Notwendiges, wie eine Zauberformel, die Gefahr abwenden sollte.

Peter Farbenkleckser war ein Mensch, der viel von der Welt und vor allem von Kindern wusste. So ahnte er, dass es Lara nicht besonders gut ging. Er wartete noch, bis sie oben angekommen war, dann fragte er: „Heute ist doch der erste Ferientag. Meine Tochter Lotta würde sich bestimmt freuen, wenn du uns besuchst. Kommst du heute nachmittag?" Lara nickte nur kurz und es blitzte ein kleiner Hoffnungsschimmer in ihrem Gesicht auf.

Lotta holte Lara ab. „Nun komm doch endlich, du hast doch schon zweimal nach dem Wasserhahn geguckt. Wir wollen spielen. Papa hat uns erlaubt, mit ihm zu malen."

Peter Farbenkleckser war nämlich Kunstmaler. Er begrüßte Lara freundlich, gab den Kindern Papier, Pinsel und Farben und sagte: „Vielleicht habt ihr ja Lust, große Angst-Bilder zu malen."

Lara nahm ein Blatt und ein Lineal und zeichnete mit Bleistift sehr genau und gerade ein Haus. Das Haus war ganz leer und darin war nur ein kleines Mädchen. „Du darfst doch die Farben nehmen!", rief Lotta, die riesige Tiger und Löwen in bunten Farben pinselte. Lisa schüttelte den Kopf und keiner zwang sie.

So wusste Peter Farbenkleckser schon ein bisschen über Lara: Sie hatte Angst, allein zu bleiben, und es sah grau und leer aus in Laras Leben.

Am nächsten Tag hatte Lara Lust, wiederzukommen. Und jetzt wollte sie unbedingt die Pinsel ausprobieren. Von der heiteren, freundlichen Stimmung bei Lotta und ihrem Vater wurde sie angesteckt, sie wollte dazugehören und mitmachen.

Lara malte einen Wasserhahn, und sie malte das ganze Blatt voll Wasser. Lottas Vater bot ihr noch ein zweites Blatt an, und auch das zweite Blatt malte sie voll mit blauem Wasser. Und während Lara malte, merkte sie, wie auch ein Teil ihrer Angst mit herausfloss auf das Blatt, und das tat gut!

„Wenn genug geflossen ist", sagte Peter, „dann male einen Erwachsenen zu dem Hahn, der soll ihn zudrehen! Denn dafür sind die Erwachsenen zuständig." Lara guckte erstaunt, lächelte, und malte einen großen Menschen. „Der kriegt nasse Füße!", rief Lotta und lachte, und Lara lachte mit. Und sie lachte noch viel mehr, als sie zwei Kinder in das Wasser malte, die darin herumplantschten. Das brachte Lotta auf eine Idee: „Oh, dürfen wir mit dem Wasserschlauch spritzen?"

Das wurde ein Wasserfest unten im Hof! Sie spritzten sich gegenseitig nass und ließen das Wasser lange, lange fließen, bis sie müde wurden.

Auch am dritten Tag klingelte Lara bei Lotta. Sie wurde schon freudig erwartet. „Wir dürfen wieder tuschen!", rief ihr Lotta schon entgegen. Lara malte eine Schulklasse, und ganz hinten saß sie selbst. Man erkannte sie an ihrem roten T-Shirt. Neben ihrem Kopf war eine Sprechblase. „Hoffentlich hab ich keinen Fehler!", stand darin. Lottas Vater verstand. „Was würde denn eigentlich Schlimmes passieren, wenn du wirklich mal einen Fehler machen würdest?" Lara überlegte und lächelte etwas verlegen. Sie hatte nämlich ein gutes Zeugnis. Und Peter Farbenkleckser erzählte Lara, wie er als Junge einmal sitzengeblieben war und wie das schließlich zum wichtigsten Ereignis in seiner Schulzeit wurde. Denn er lernte seinen besten Freund in der neuen Klasse kennen.

Dann holte Lottas Vater Laras erstes Bild wieder hervor, das mit dem leeren, grauen Haus und dem einsamen Mädchen darin, und fragte: „Bist du manchmal auch dieses kleine Mädchen?" Lara nickte. Und weil Peter Farbenkleckser sie so freundlich und verständnisvoll ansah, begann sie ihm alles anzuvertrauen, was ihr Sorgen machte. Von dem Wirrwarr in der Wohngemeinschaft erzählte sie und von ihrer Angst, dass ihre Mutter wirklich wegginge und dass sie vielleicht ganz alleingelassen würde; und als sie sprach, war es so wie vorher, als sie das Wasser auf das Papier gemalt hatte. Es tat so unendlich gut, wie da alles, was sie so lange für sich behalten hatte, herausfließen konnte. Und da war jemand, der Zeit für sie hatte und sie verstand.

Am nächsten Tag gingen Lara und Lotta zum Schwimmen, und ins Atelier kamen Laras Eltern. Peter hatte sie eingeladen, nicht zum Malen, sondern zum Reden. Sie redeten lange, und Peter sah, dass Laras Eltern eigentlich selber noch wie Kinder waren, die lernen wollten, ihr Leben in den Griff zu bekommen. Sie waren Eltern und doch noch keine richtigen Eltern.

Peter Farbenkleckser zeigte ihnen auch Laras Bilder vom überfließenden Wasserhahn und von der Schule und dem einsamen Mädchen im grauen Haus. Da geschah etwas Merkwürdiges. Die Eltern schauten sich an, und es war so, als wachten sie auf. „Lara hat ja die ganze Zeit versucht, erwachsener zu sein als wir!", sagten sie bestürzt. „Das muss anders werden!"

Peter Farbenkleckser strahlte zufrieden und versprach ihnen, sie dabei kräftig zu unterstützen.

An diesem Abend geschah für Lara ein kleines Wunder: Beide Eltern waren zu Hause und es gab keinen Streit! Ja, sie lasen ihr sogar jeder eine Geschichte vor! Lara wusste, da hatte Peter Farbenkleckser seine Finger im Spiel, und das erleichterte sie so, dass sie mit einem tiefen Seufzer sofort einschlief.

**Pony
Pellkartoffel**

Lisa war noch nicht lange in der neuen dritten Klasse, vielleicht ein halbes Jahr. Sie saß Tag für Tag still auf ihrem Platz und hatte noch nie ein Wort im Unterricht gesagt. Sicher hätte sie öfter mal eine Frage beantworten können, aber sie traute sich nicht. Lisa hatte zu viel Angst, womöglich zu stottern oder rot zu werden. Dann hätte sie vielleicht jemand ausgelacht. Undenkbar.
Weil sie selber nicht sprach – und glücklicherweise zwang sie auch keiner dazu – hatte sie Zeit, die anderen Kinder zu beobachten. Besonders studierte sie Jenny. Die war so fröhlich und selbstsicher! Alle mochten sie, und die Lehrer lächelten freundlich und nickten ihr zu, wenn sie eine Antwort gab. Keiner störte sich daran, dass sie beim Sprechen ein wenig mit der Zunge anstieß. Ach, Lisa wäre auch gerne so gewesen wie Jenny! Und wie gerne hätte sie so eine Freundin gehabt!

Eines Tages sagte die Lehrerin: „Wir schreiben heute einen Aufsatz. WIE ICH EINMAL MEINE ANGST BESIEGT HABE heißt das Thema."

Lisa kaute an ihrem Stift und schaute umher, während sie erstmal lange überlegte. Da sah sie zu ihrer großen Überraschung, dass alle schon eifrig schrieben. Hatten die denn alle auch mal Angst gehabt? Sogar Jenny?! Lisa war verblüfft. Sie war also doch nicht die Einzige, die das kannte! Und mit einem Mal begann ihr Stift über das Papier zu sausen, und sie vergaß die Zeit, bis die Schulglocke sie mit ihrem grellen Klang aufschreckte.

Nach der Stunde hörte sie, wie die anderen sich austauschten: „Was hast du denn geschrieben, Moni?" „Och, ich hatte früher Angst vor Wasser. Da hat mir mein Vater ein kleines Schlauchboot versprochen, wenn ich mit ihm im warmen Becken und in der Badewanne Tauchen übe. Das hat geholfen." „Hast du das Boot gekriegt?" „Klar, ist aber schon kaputt!" „Und du?" „Ich hab manchmal panische Angst vor Mathearbeiten. Mein Opa hat mir da einen Trick verraten: sich selber sagen ‚ich schaffe es', tief atmen, und mit der leichtesten Aufgabe anfangen. Hat manchmal schon geklappt." „Kevin, wovor hattest du denn Angst?" „Naja, ich hab mich früher nicht getraut, woanders zu übernachten, und da musste ich ausgerechnet auf eine Kindergartenreise. Ja, und da hat mir meine Taschenlampe, mein Taschenmesser und ein Foto von zu Hause geholfen und auch, dass ich jederzeit anrufen konnte." Mensch, selbst der freche

Kevin hatte früher Angst gehabt! Lisa war platt.

Am nächsten Tag sprachen sie im Unterricht über die Angst: Dass jeder Mensch sie kennt und dass es viele Arten von Angst gibt, auch bei Erwachsenen: Angst vor Tieren, vor Krankheit und Tod, vor dem Verlassenwerden, Angst vor Dunkelheit, vor Wasser, Angst, sich zu blamieren, nicht geliebt zu werden, dick zu sein, für dumm zu gelten usw. Sie lernten aber auch, dass es viele Möglichkeiten gibt, die Angst zu überwinden.
Dann sagte die Lehrerin: „Zwei Aufsätze möchte ich vorgelesen haben, weil sie besonders gut sind. Erstmal den von Jenny."
Und Jenny las:
„Ich hatte früher einen Sprachfehler. Keiner konnte mich verstehen, nur meine Mutter. Als ich in den Kindergarten kam, hielten mich alle für blöd. Ich verstand nicht, warum sie lachten, wenn ich sprach, denn ich war ja noch klein. Aber langsam ahnte ich, dass irgendetwas nicht in Ordnung war mit mir. Ich bekam Angst vor dem Sprechen. Ich hatte Sprachunterricht und musste jeden Tag Übungen machen mit einer Haselnuss unter der Zunge und so blödsinnige Sprüche sprechen: ‚Paricke, Paracke, wo ist meine Jacke, Paricke, Paruh, wo sind meine Schuh'. Als die Sprachstunden dann aufhörten, gab mir mein Sprachlehrer zum Abschied einen Tipp: ‚Es kann sein, dass noch ab und zu jemand lacht, wenn du sprichst', sagte er, ‚denn manchmal hört es sich noch ein bisschen komisch an. Wenn das

passiert, lach einfach mit! Dann lacht ihr gemeinsam über deine widerspenstige Zunge, die dir mal wieder einen Streich gespielt hat.‘ Den Tip hab ich probiert, und so hab ich schließlich die Angst vor dem Ausgelachtwerden besiegt.“

Lisa war beeindruckt. Sie sah Jenny jetzt mit ganz anderen Augen und fühlte sich ihr ganz nah, weil sie etwas so Wichtiges von ihr wusste. Und dieser Tip: wenn man ausgelacht wurde, einfach mitzulachen... über sich selbst zu lachen...!
Die Stimme der Lehrerin drang jetzt zu ihr. Sie glaubte erst, sich verhört zu haben: „Und nun wollen wir Lisas Aufsatz hören.“
Alle schauten sie an. Ihr Mund wurde ganz trocken. Sie musste ein paarmal schlucken. Dann dachte sie aber an Jenny und dass auch alle anderen schon mal Angst gehabt hatten. Das half ihr, und sie begann zu lesen. Erst klang ihre Stimme noch etwas eingerostet und zittrig, aber dann hörte sie sich laut und deutlich vorlesen:

„Als ich ganz klein war, trennten sich meine Eltern. Meine Mutter zog mit mir zu Oma auf den Bauernhof. Es gab dort keine Kinder. Ich spielte mit den Tieren. Wir hatten viele Katzen mit Jungen und Hühner. Sie alle hatten Namen: Eins hieß ,der wilde Robert‘, es war schwarz und flog gerne weg, eins hieß ,Liebling‘, weil es ganz zahm war. Es ließ sich streicheln. Und ,Schreihals‘ hieß der Hahn. Auch die Kühe besuchte ich im Stall. Ich war gern dort, es war gemütlich warm und es hörte sich so gut an, wenn die Kühe kauten. Meine besten Freunde waren aber die Pferde. Von ihnen liebte ich besonders mein Pony. Aus Spaß nannten wir es Pellkartoffel, weil es braun und ziemlich rundlich war. Ich habe gesehen, wie es geboren wurde. Oma schenkte es mir zu meinem fünften Geburtstag, und auf ihm lernte ich reiten. Das war ganz leicht und machte viel Spaß. Das Pony und ich waren die besten Freunde. Es erkannte mich von Weitem und trabte gleich heran, wenn es mich sah. Dann schnupperte es immer an meiner Hand, ob ich ihm was mitgebracht hatte.

Aber jetzt will ich endlich von der Angst erzählen. Ich war nämlich menschenscheu und hatte Angst, mit Kindern und Erwachsenen zu sprechen. Ich war eben einfach nicht an Menschen gewöhnt. Wenn wir mal Besuch hatten, verkroch ich mich immer. Ich mochte auch nicht telefonieren oder im Dorf einkaufen. Ich sprach nur mit Mutter und mit Oma.

Nur einmal, da hab' ich diese Angst vergessen: Die Erwachsenen waren gerade in der Stadt. Ich spielte mit den Katzen in der Sonne. Plötzlich hörte ich ein furchtbares Geräusch von der Weide – wie Wiehern, aber so entsetzlich anzuhören, dass ich eine Gänsehaut bekam. Ich rannte so schnell ich konnte hin. Da lag mein liebes kleines Pony auf der Weide und schrie. Es musste sehr krank sein. Was sollte ich bloß tun? Den Tierarzt rufen! Aber ich konnte noch nicht im Telefonbuch lesen. Ich hatte noch nie telefoniert. Ich flog beinahe ins Haus zum Telefon und wählte die Notruf-

nummer. Die kannte ich. Meine Angst hatte ich total vergessen. Ich wählte 110. ‚Hier Polizeirevier‘, meldete sich eine Stimme. ‚Pellkartoffel liegt auf der Erde, sie braucht Hilfe‘, keuchte ich atemlos in den Hörer. ‚Quatsch‘, knurrte die Person am anderen Ende und legte auf. Sie fühlte sich wohl veräppelt.“ (Alle in der Klasse lachten, und Lisa lachte mit.)
„Mir war aber gar nicht nach Veräppeln“, las Lisa weiter. „Ich merkte sogar, dass ich ganz wütend wurde, denn es ging ja um das Leben meines Ponys. Vor Wut vergaß ich meine ganze Schüchternheit. Ich atmete tief durch und sagte laut zu mir: ‚Klar denken, Lisa!‘ Ich wählte nochmal 110. Diesmal merkte der Polizist, dass es ernst war. Ich sagte laut und deutlich: ‚Ich bin Lisa vom Kastanienhof. Mein Pony liegt auf der Weide und schreit. Es scheint sehr krank zu sein. Bitte schicken Sie einen Tierarzt!‘ ‚Ach so‘, sagte der Polizist, ‚und das Pony heißt wohl Pellkartoffel, nicht wahr? Wird sofort erledigt.‘
Und der Tierarzt kam ganz schnell und musste mein Pony zur Operation mitnehmen. So wurde es gerettet. Und das war die Geschichte, wie ich meine Angst besiegt habe.“

„Das war richtig spannend!“, riefen die Kinder. Lisa wusste gar nicht, wie ihr geschah. Sie hatte plötzlich laut geredet und alle hatten zugehört und fanden es sogar gut!
„Lisa, Du bekommst eine Eins, auch fürs Vorlesen“, sagte die Lehrerin und lächelte ihr zu.

Später fragte Jenny: „Du, Lisa, wo ist denn das Pony jetzt eigentlich, konntest du es in die Stadt mitnehmen?" „Auf der Weide bei Holtmanns. Willst du mitkommen, wenn ich nachher hingehe?" Jenny wollte, und damit begann ihre Freundschaft.

Aus Lisa wurde jetzt nicht plötzlich ein besonders mutiges Kind, aber sie lernte es, immer wenn die Angst kam, an ihr Erlebnis mit dem Pony zu denken und daran, wie sie den Aufsatz vorgelesen hatte. Dann fühlte sie sich wieder fast so stark wie damals. Sie hatte dann wieder ihre eigene deutliche Stimme im Ohr „Hier ist Lisa vom Kastanienhof." Ja, sie war Lisa, und wenn's drauf ankam, ließ sie sich nicht unterkriegen.

Das Trödelödeli

(Karl Tomm gewidmet)

Anna kaut an ihrem Stift herum. Ihre Augen träumen auf dem Baum vor dem Fenster. Annas Kopf ist leer, denn eigentlich ist sie ganz woanders – wo, weiß sie selber nicht. Die Uhr tickt gleichmäßig auf dem Schrank: tick – tick – tick. Die Zeit vergeht, ohne dass Anna sich bewegt.
Die Überschrift steht schon im Heft: Warum ich meine Schularbeiten nicht gemacht habe. Eine Strafarbeit. Tick – tick.
Da ruft jemand: „Anna! Anna!" Sie hört auf zu kauen. Ihre Augen wachen langsam auf. Es ist ihre Schwester. „Kommst du auch spielen, Anna?", ruft sie.
Anna steht langsam auf und geht ans Fenster. Nochmal ruft die Schwester. „Nee", sagt Anna leise. Dann geht sie langsam wieder zum Tisch.
Tick – Tick – Eine Stunde um die andere vergeht, und die Überschrift steht im Heft.

Abends, als die Mutter Anna nach den Schularbeiten fragt, ist erstmal Stille. Dann antwortet Betty, die kleine Betty, die immer so fix ist in allem. „Sie ist noch nicht fertig!"
So kommt es, dass Anna an diesem Abend erst sehr spät ins Bett kommt. Der Aufsatz steht im Heft, aber Mutter hat ihn diktiert, sonst wäre es Mitternacht geworden.
Anna lebt in einer anderen Zeit. Sie kann Zeit dehnen wie andere ein Gummitwistband. Anna hat immer Zeit, sie lässt sich Zeit. Sie ist großzügig mit Zeit, geradezu verschwenderisch. Wenn alles schnell vorbeirennt, hetzt und hastet, wird sie eher noch langsamer. Wenn andere mal eben schnell 'was sagen, denkt Anna lange nach. Sie kaut auf ihren Worten so lange herum, bis es längst zu spät ist.
Und das kommt davon, dass Anna verzaubert ist, verzaubert vom Trödelödeli. Wie Trödelödeli aussieht? Also, ich habe hier ein Bild, das Anna mal von ihm gemalt hat oder von ihr, ich weiß nämlich nicht, ob es ein weibliches oder männliches Wesen ist. Also: Das Trödelödeli ist ziemlich lang, na, so etwa zwei Meter. Es hat aber nur zwei kurze Beine am Vorderende, daher kommt es nicht gerade sehr schnell voran. Wenn es kriecht, kann es sich ganz weit ausdehnen. Grau ist es, aber zwischen den halbgeschlossenen Augen hat es einen roten Fleck. Dadurch sieht es etwas verschmitzt aus. Die Ohren kann man nicht sehen, sie müssen winzig sein, und der Mund ist meistens zu einem Gähnen aufgerissen.

Wenn das Trödelödeli zaubert, dehnt es sich riesig aus und hängt sich wie eine Decke über den, den es gerade trifft, eine unsichtbare Decke natürlich.

Ob das Trödelödeli böse ist? Das kann man nicht sagen. Es kann auch ein Freund sein. Bei Anna jedenfalls war es mal so…

Anna traf das Trödelödeli zum ersten Mal in einer Zeit, die sehr schnell und sehr schrecklich für Anna war, denn sie waren gerade umgezogen: von ihrem ruhigen, kleinen Dorf in eine laute, große Stadt. Anna musste sich an eine neue Schule, neue Kinder, neue Lehrer, neue Nachbarn, und eine neue Wohnung gewöhnen. Und das war zu schnell für Anna. Viel zu schnell. Es war eine schnelle, traurige Zeit gewesen. Es hatte Anna sehr wehgetan, alles Vertraute zu verlassen, vor allem ihre Freundin und ihren Hund, und sie fürchtete sich vor all dem Fremden.

Das war die Zeit, als das Trödelödeli zu ihr kam, sich ganz weit ausdehnte und sich wie eine Decke über sie breitete, dass sie nichts mehr fühlen musste. Alles was sie tat, dehnte sich nun genauso aus wie das Trödelödeli: alles geschah im Schneckentempo. Sie trödelte und trödelte und merkte es selber nicht.

Auch als die Erwachsenen immer ungeduldiger mit ihr wurden, drang das irgendwie gar nicht unter diese Decke. Ein bisschen wie Schlafen war das. Ja, es war eigentlich ganz angenehm! Das Trödelödeli war damals wie ein guter Freund.

Inzwischen hatte sich Anna eigentlich längst eingewöhnt, und das Trödelödeli war überhaupt kein Freund mehr für sie und kein Schutz. Im Gegenteil: es behinderte sie bei allem, und sie hatte viel Ärger mit der Trödelei.

Das Ärgerliche an diesem Langsamzeit-Zauber war auch, dass sie die Zeit ausdehnen konnte, aber doch nie genug hatte, denn zum Spielen kam sie gar nicht mehr. Das merkte Anna aber nur an den Tagen, an denen das Trödelödeli mal etwas schwächer war und sie stärker, und das kam nur ganz selten vor...

So zogen sich die Tage hin, die Uhr tickte langsam vor sich hin, und das Trödelödeli richtete sich in Annas Zimmer häuslich ein.

Eines Abends, Anna ist nach ausgiebigen Vorbereitungen im Bett, hört sie etwas rascheln und wispern. Da sieht sie in der Zimmerecke, dass das Trödelödeli Besuch hat. Es ist ein rundes Etwas mit einem dicken Bauch, hängenden Wangen und einem schlappen, lächelnden Mund. Seine verkümmerten Beine hat es übereinandergeschlagen und die Arme hängen unbenutzt herunter. Die Augen schauen träge unter schweren Lidern hervor.

Anna verkriecht sich unter ihrer Decke und lauscht, wie sie zusammen flüstern.

„Wie ist es bei ihr?", fragt der Besuch. „Oh, Faulbacke, mir gefällt's hier!", sagt das Trödelödeli bedächtig. „Ich bleib wohl noch eine Weile!" „Kennt sie denn den Trick noch nicht?", fragt Faulbacke kichernd. „Psst! Sie hat noch nicht gemerkt, dass sie mich verjagen kann. Sie weiß nicht, dass ich ihr gehorchen muss, wenn sie es wirklich *will*. Hihihih!"

„Aber", hört Anna Faulbacke flüstern, „würde sie es denn überhaupt wollen, wenn sie es wüsste?"

„Ja, ja, das ist die Frage", kichert das Trödelödeli und zieht dabei die Worte in die Länge. „Denn schließlich müsste sie dann ihre Aufsätze alleine machen, und es würden sich nicht alle so um sie kümmern und bitten und betteln, dass sie weitermacht. Du müsstest mal sehen, was hier los ist, wenn Anna so richtig schön trödelt und bummelt! Ja, ja, ich glaube nicht, dass Anna schon auf das alles verzichten würde." „Aber, sie hätte doch dann viel mehr Zeit zum Spielen." „Psst! Sag das nicht so laut!", schimpft das Trödelödeli und zieht die graue Stirn mit dem roten Fleck ganz ganz langsam in Falten.

Den Rest hört Anna nicht mehr, sie ist eingeschlafen.

Im Traum findet sie sich als Minutenzeiger einer riesengroßen Uhr wieder. Aber jemand hält sie fest. Sie möchte laufen, kann aber nicht. Ein Kampf entsteht. Sie wehrt sich mit allen Kräften... Da erwacht sie.

Annas Blick fällt wie jeden Morgen in die Zimmerecke. Dort rekelt sich nämlich das Trödelödeli schon in der Erwartung, sich wieder über sie zu stülpen. Denn jetzt geht's ans Aufsteh-Verzögern...

„Raus! Verschwinde!" War das wirklich Anna, die das geschrien hat? Sie erkennt sich selber kaum wieder und beobachtet ungläubig, was jetzt geschieht. Nun, was kann man von lahmen Trödelödelis erwarten? Jedenfalls nicht, dass sie sofort verschwinden. Es erstarrt erstmal, zieht vorsichtig den Kopf ein, und seine Augenlider heben sich langsam. Im Schneckentempo macht dieses lange, graue Wesen eine bedächtige Wende und kriecht gesenkten Kopfes der Tür entgegen. Dort schaut es sich noch einmal tieftraurig um und verschwindet. Das Trödelödeli sieht so betrübt aus, dass Anna Mitleid bekommt, denn schließlich ist es ja doch mal ihr Freund gewesen. Sie geht schnell hinter ihm her und ruft ihm noch nach: „Ich lad dich irgendwann mal wieder zum Schaukeln ein oder so. Aber ganz einwickeln lass ich mich nicht mehr!"

An diesem Morgen kommt ihre Schwester Betty leider ziemlich spät zur Schule... Du kannst dir denken, wer da die Hand im Spiel hatte... Hoffentlich ist Anna so fair, Betty den Trick zu verraten...

Anna hat dann erst langsam ihr richtiges Tempo wiederentdeckt. Sie hatte schon ganz vergessen, wie ihre eigene Anna-Zeit eigentlich war. Mal probierte sie es aus, ganz schnell zu flitzen, mit dem Fahrrad zum Beispiel. Dann lud sie das Trödelödeli mal wieder ein und träumte stundenlang auf der Schaukel. Wenn sie dann genug hatte, lud sie es einfach wieder aus. Und schließlich pendelte sie sich auf ihr Anna-Tempo ein, das ihr am besten gefiel und mit dem ihr alles am besten gelang. Und so wurde sie eine starke Anna mit einem schwachen, zahmen, lieben, verträumten Trödelödeli.

Jacob der Angstbändiger

Jacob läuft mit wippendem Ranzen zur Schule. Sie haben den Weg gut geübt nach der Einschulung. Jacob fühlt sich sicher und er geht gern in die Schule.

Aber da geschieht etwas, auf das er *nicht* vorbereitet ist: Vor ihm steht plötzlich ein riesengroßer, schwarzer Hund und verstellt ihm den Weg. Jacob erstarrt vor Schreck. Sein Atem stockt, und seine Beine beginnen zu zittern und zu beben. Der Hund hat das Maul geöffnet, und Jacob kann große, spitze Zähne sehen. In größter Panik dreht Jacob sich um und rennt nach Hause. Hinter ihm ein Schnaufen, der Hund folgt ihm! Außer Atem, mit zitternden Gliedern, erreicht Jacob das Haus und wirft das Gartentor hinter sich zu. Dann schleicht er in sein Zimmer und setzt sich aufs Bett.

Als Jacob endlich wieder Luft bekommt und das Zittern allmählich nachlässt, fällt sein

Blick auf den Wecker: viertel nach acht, jetzt haben sie schon angefangen…

Aus der Küche hört er die Mutter mit den Geschwistern lachen.

Warum geht er jetzt nicht zu ihr? Aber so ist Jacob nicht. Er ist ein stilles Kind. Er vertraut sich nicht so leicht anderen an. Erstmal versucht er die Dinge alleine zu schaffen. So verschieden sind die Menschen.

Als seine Mutter ihn oben entdeckt, glaubt sie, er sei krank und steckt ihn ins Bett.

Am nächsten Morgen weigert sich Jacob, allein zur Schule zu gehen. „Bring mich hin!", verlangt er. Wir wissen natürlich den Grund, aber Jacobs Mutter versteht das überhaupt nicht. Sie versucht, es ihm auszureden: „Du bist doch sonst auch immer allein gegangen. Du weißt doch, ich muss mich um die Kleinen kümmern, du bist doch schon groß." Aber Jacob fühlt sich absolut nicht groß und überlegt sich gerade auf seine schüchterne Art, wie er es ihr erklären könnte. Da zerrt seine Schwester an Mutters Arm: „Mama, Ole schreit!" Und schon ist die Gelegenheit vorüber.

Seine Mutter begleitet ihn nun wieder jeden Tag auf dem Schulweg. Dabei war sie so froh gewesen, dass ihr Großer nun endlich ein selbstständiges Schulkind war. Und Jacobs Vater schüttelt nur den Kopf über seinen Sohn. Jacob aber gefällt es zuerst gar nicht schlecht, wieder wie früher ein bisschen klein zu sein und von Mutter beschützt zu werden.

Allmählich aber beginnt er sich vor den anderen Kindern zu schämen. Er will auch wieder allein gehen wie sie. Jacob will wirklich kein Kleinkind mehr sein. Er hasst es, solche Angst zu haben! Irgendetwas muss geschehen! Er müsste sich wenigstens jemandem anvertrauen!

Schneller als er glaubt, ergibt sich eine gute Gelegenheit: Sie sind im Zoo. Die Fütterung der Raubtiere beginnt. Jacob steht etwas abseits und starrt mit offenem Mund und weiten Augen auf den Wärter, der ganz nah an den Löwen herangeht und ihm sogar – Jacob stockt der Atem – die Mähne streichelt, bevor er ihm das Fleisch vorwirft! Er streichelt einen Löwen, und der tut ihm nichts! „Da staunste, was?", lacht der Wärter. „Das möchte ich auch können, aber nicht mit Löwen, nur mit Hunden", murmelt Jacob, und weil der Wärter ihn so nett ansieht, sprudelt plötzlich das, was er so lange zurückgehalten hat, aus dem stillen Jacob heraus, die ganze Geschichte mit dem schwarzen Hund auf dem Schulweg, und dass er so gerne seine Angst loswerden will. „Aha, du möchtest also Hunde-Angst-Bändiger werden." Jacob nickt. „Tja, dann erzähl ich dir am besten mal meine Geschichte."

Jacob hört gespannt zu, was der Zoowärter, auf seinen Besen gestützt, erzählt, während der Löwe das Fleisch zwischen seinen Riesenpranken hält und Bissen für Bissen hinunterschlingt.

„Glaub nicht, ich hätte zuerst keine Angst vor ihm gehabt. Und wie ich ich mich gefürchtet habe! Guck dir mal dieses Maul an!" Jacob läuft es eiskalt über den Rücken. „Das ist aber auch normal. Vorsicht ist sogar sehr gut, wenn man ein Tier noch nicht kennt." „Also bin ich kein Feigling, weil ich weggerannt bin?" „Unsinn, du bist nur noch kein Angstbändiger, weiter nichts." „Erzähl weiter", bittet Jacob.

„Ich war ungefähr so alt wie du, als ich mit meinem Vater, dem Löwenbändiger hierher in diesen Zoo kam. Ich bewunderte ihn, wenn er den Käfig betrat, aufrecht und ruhig. Man konnte sehen, dass er sich sicher fühlte, wenn er das Tier fütterte und streichelte. Mir blieb dabei aber immer das Herz stehen. Ich beobachtete ihn jeden Tag, um hinter sein Geheimnis zu kommen, warum er keine Angst vor Löwen hatte. „Warum tut er dir nichts?", fragte ich ihn. „Weil er weiß, dass ich sein Freund bin, aber auch sein Chef." „Aber wie weiß er das denn?" „Wenn ich ihm sein Fleisch bringe und freundlich mit ihm rede, merkt er natürlich, dass ich es gut mit ihm meine, und wenn ich ihm fest in die Augen blicke, spürt er, dass ich ihm überlegen bin. Außerdem verstehe ich die Tiersprache."
Der Zoowärter erzählt weiter: „Ich beobachtete den Löwen genau und sah, dass es stimmte: Mein Vater war ihm überlegen. Wenn er ihm in die Augen blickte, wich der Löwe aus. Er blickte weg, gähnte manchmal oder leckte sein Fell. Mit der Zeit begann mir das Tier immer vertrauter zu werden. Ich mochte den Löwen, und er tat mir sogar ein bisschen leid: Immer musste er hinter Gittern leben, kein bisschen Wüste weit und breit und keine Spielgefährten.

Nachdem ich die beiden viele Wochen beobachtet hatte, traute ich mich endlich, mit meinem Vater den Käfig zu betreten. Du kannst dir denken, dass es mir nicht sehr gemütlich dabei war. Mein Vater sprach mit dem Löwen wie mit einem Menschen. Er erklärte ihm, dass ich sein Sohn sei und ihn, den Löwen, gern hätte, und dann durfte ich den Napf mit Fleisch füllen. Ich tat es, nachdem ich einmal gut durchgeatmet hatte, und fühlte mich nachher ganz stolz! Ja, und so wurde ich mit der Zeit selbst so eine Art Löwenbändiger."

Der Zoowärter lächelt Jacob an und fegt ein bisschen weiter.

„Meinst du, das geht auch mit Hunden?" Jacob schaut schon ein bisschen zuversichtlicher drein. „Du musst es wirklich wollen, dann schaffst du es," ermuntert ihn der Wärter: „Tief durchatmen und langsam, aber sicher ran an den Hund!", lacht er.

Auf dem Heimweg schwirrt Jacob der Kopf nach allem, was er gehört hat. Aber drei Dinge hat er noch im Ohr:

Die Tiersprache verstehen lernen.
Der feste Blick in die Augen.
Das Tier an sich gewöhnen.

Wie soll er das bloß alles schaffen?! Viele, viele Fragen hat er. Doch er ist wirklich entschlossen, die Antwort herauszufinden. Und er hat auch schon eine Idee: Sein Freund Paul hat nämlich einen Hund…

Am nächsten Tag verabredet sich Jacob auf dem Schulweg mit Paul für den Nachmittag. „Sag mal, Paul, ist dein Hund auch an der Leine, wenn ich komme?", fragt er noch sicherheitshalber. „Nee, der tut doch nichts." „Wenn er frei ist, komme ich nicht." Jacobs Mutter beginnt etwas zu ahnen. „Jacob ist nicht an Hunde gewöhnt, binde ihn doch fest, ihm zuliebe!", überredet sie Paul.

„Das wäre geschafft", denkt Jacob erleichtert, nun ist schon mal die Sache mit der Vorsicht geregelt.

Als er nachmittags bei Paul klingelt und ein Gebell ertönt, fängt er allerdings schon wieder an zu schlottern. Am liebsten wäre er umgekehrt, aber da geht die Tür schon auf. „Harro ist angeleint", sagt Paul.

Der Hund wedelt mit dem Schwanz und hüpft auf der Stelle, während sein Hinterteil hin und her wackelt. „Was bedeutet das?", erkundigt sich Jacob etwas misstrauisch. Fachmännisch erklärt ihm Paul: „Mit dem Schwanzwedeln sagt er: ‚Ich freue mich, ich begrüße dich‘, und das Powackeln macht er, wenn er spielen will." Jacob ist sehr skeptisch. Ob der Hund das wirklich so meint? Wer weiß!

„Komm, ich bau gerade ein Lego-Raumschiff, mach mit!", sagt Paul.

Aber Jacob hat mit dem Studium der Tiersprache ja gerade erst angefangen. Paul muss heute alleine mit den Legosteinen bauen und immer wieder Jacobs Fragen beantworten. „Was das Jaulen bedeutet? Ist doch klar, er mag nicht angeleint sein." Auch als Harro mehrmals hoch und kurz bellt und dabei zur

Tür blickt, versteht Paul ihn sofort: „Mama, Harro muss mal raus!"

Nach dem Gassi-Gehen rollt sich Harro in seinem Körbchen zusammen. Pauls kleiner Bruder krabbelt hin und zieht ihn am Schwanz. Harro knurrt. Der Bruder zieht wieder. Harro knurrt lauter. Da braucht Jacob nicht zu fragen. Klar, das ist 'ne Warnung. Da kommt auch schon Paul und holt seinen Bruder zurück. „Haste nicht verstanden, was Harro meint?! Er will seine Ruhe!"

Das also war die Tiersprache!

Am zweiten Tag probiert Jacob den zweiten Rat des Zoowärters: den Augentrick. Das findet sogar Paul interessanter als Lego. Sie probieren immer wieder, Harro tief und fest in die Augen zu blicken, Jacob noch aus sicherer Entfernung. Trotzdem kommt er sich vor wie ein Hypnotiseur. Der Zoowärter hat recht: Das kann der Hund nicht aushalten. Wie aus Verlegenheit dreht er den Kopf weg, leckt sein Fell oder schnuppert am Boden. Einmal jault er sogar leise. Es macht ihn unsicher. Er weicht dem Blick aus, wenn er nur lang und stark genug auf ihn gerichtet ist. Jacob kommt es beinahe so vor, als habe er da mit seinen Augen eine Laserstrahlwaffe bei sich, natürlich nur für Notfälle. Er fühlt sich sehr stark und lächelt ein bisschen, als er sich fragt, ob das vielleicht auch bei Menschen funktioniert.

Am dritten Tag kommt das allerschwerste: die große Mutprobe – Punkt 3: das Tier an sich gewöhnen. Dazu muss er sich dem Hund vorsichtig nähern, und bei dem Gedanken bekommt er ein komisches Gefühl im Magen. Aber Jacob will es unbedingt schaffen! Wie sagte der Zoowärter noch: „Tief durchatmen und langsam und sicher ran an den Hund!" Da lächelt Jacob in sich hinein.

„Komm, wir spielen Löwenbändiger", schlägt er Paul vor. „Du bist der Löwenbändigermeister und ich der Lehrling." Er malt mit Kreide einen Sicherheitskreis um sich herum und bittet Paul, den Hund bis an die Grenze zu führen. Er will ihm dann einen Hundekuchen zuwerfen. Es klappt! Harro schlingt den Happen herunter und schaut Jacob mit erwartungsvollen, großen Hundeaugen an. Sein Maul ist geöffnet. Er will mehr, will näher heran. Soll Jacob es wagen? Und wenn Harro schnappt?! Er hat so spitze Zähne! Jacob zittert wieder und kämpft gegen die Angst an. Wer würde siegen, die Angst oder Jacob mit dem Laserstrahl?

„Nimm einfach einen Hundekuchen und halt ihn auf deiner Hand hin, ganz flach!", rät Paul und macht es ihm vor. „Es passiert nichts, er kennt dich doch jetzt." Da atmet Jacob einmal ganz tief durch, hockt sich hin und blickt Harro fest in die Augen wie Paul, der „Löwenbändiger", es ihn gelehrt hat. Aus der Hundeschnauze schnauft es feucht und warm auf seine flache Hand, und weg ist der Hundekuchen. Das hat Harro geschmeckt. Er leckt sich das Maul. „Das war ja gar nicht schlimm!" Paul atmet auf.

Harro liegt jetzt flach auf dem Boden, sein Schweif wedelt freudig. Irgendein Bann ist jetzt bei Jacob gebrochen. Er braucht den Kreidestrich plötzlich nicht mehr. Und wie von selbst sieht er sich die Linie überschreiten, dem Hund einen weiteren Happen vor das Maul halten. Und dann streichelt er ihm sogar mit spitzen, noch etwas zittrigen Fingern das Fell. Es ist so weich und warm, und Jacob seufzt tief vor Erleichterung.

Er hat über die Angst gesiegt, er ist jetzt ein Tierbändiger und ein Angstbändiger! Nur er weiß, was das bedeutet, und dass dies kein Spiel, sondern sehr ernst war. Jacob ist stolz und fühlt sich, als sei er in den drei Tagen um einige Zentimeter gewachsen.

Jacobs Mutter fragt ihren Ältesten am Abend: „Wie war's mit dem Hund, hattest du Angst?" „Zuerst ja, dann nicht mehr", ist die kurze Antwort. „Und morgen geh ich wieder alleine in die Schule." Da versteht seine Mutter und ist sehr stolz auf ihren Jungen.

Als Jacob am nächsten Morgen zum ersten Mal wieder alleine in die Schule geht, ist er gut vorbereitet auf den Schulweg: Soll der Hund nur kommen! Er weiß jetzt, was zu tun ist, und für alle Fälle hat er auch ein paar Hundekuchen in der Hosentasche.

Aber leider kommt der schwarze Hund nun gar nicht mehr.

Die Abzocker

„Halt! Her mit dem Gameboy! Und wehe, du sagst was! Hau ab du, sonst kannste was erleben!"
Henrik blieb beinahe das Herz stehen. Sprachlos starrte er den beiden Jungen aus der fünften Klasse nach, die sich eilig davonmachten. Mit seinem Gameboy!
Mittags stocherte er in seinem Essen herum. Blass und einsilbig war er auch die nächsten Tage. Henrik sagte zu keinem ein Wort. Er hatte Angst. Besonders, wenn er die zwei auf dem Schulhof auftauchen sah. Einmal hatten sie ihn angerempelt. „Na, Kleiner, haste wieder was Gutes für uns?!" Zum Glück war gerade Ralf gekommen, und da waren sie abgezogen. Dabei hatte Ralf keine dollen Muskeln. Sicher hatten sie sich nicht getraut, weil Ralf und Henrik zu zweit waren. Ralf hatte einen Walkman bei sich. Henrik wollte ihn erst vor den beiden warnen, aber er ließ es

lieber. Hätte er es nur getan! Denn Ralf war das nächste Opfer. Er kam am nächsten Tag mit einem dicken Kratzer an der Backe zur Schule. Er hatte seinen Walkman verteidigen wollen. Auch er schwieg. Auch er hatte Angst, und als Henrik ihn nach dem Walkman fragte, druckste er herum.

Henrik aber begann seine Beobachtungen zu machen. Ihm fiel auf, dass Jan jedes Mal weglief, wenn die besagten zwei Fünftklässler sich näherten. Und auch Benjamin wurde immer blass, wenn er die beiden sah. Aha, er und Ralf waren also nicht die Einzigen; das war tröstlich.

Schließlich sprach er Benjamin an: „Die sind blöd, die beiden, nicht?", sagte er lässig. „Mmh." Benjamin nickte. „Das sind Abzocker; die nehmen Schülern Sachen weg." Benjamin nickte wieder. „Haben sie das bei dir auch schon probiert?" Benjamin blickte sich ängstlich um. „Darf ich nicht sagen." „Sie haben also!", schloss Henrik messerscharf. Es stimmte. Sie hatten Benjamin sein Taschenmesser abgenommen, das neue vom Geburtstag.

Benjamin und Henrik beschlossen, auch Jan noch zu befragen. Auch er wollte erst nicht mit der Sprache heraus. Aber bald hatten alle drei sich gegenseitig das Herz ausgeschüttet, und es tat richtig gut, Leidensgenossen zu haben und sich die Angst mal ordentlich aus dem Leibe zu schimpfen. Sie fühlten sich verstanden und viel stärker, da sie jetzt drei waren.

„Wir müssen was tun!", beschlossen sie. Nach der Schule machten die drei einen Plan.

Paul und Pit, die beiden aus der fünften Klasse, zuckten ganz schön zusammen, als ihr Lehrer sie nach der letzten Stunde aufforderte, noch zu bleiben. Sie wollten schnell um die Ecke verschwinden, doch der Lehrer packte die beiden an den Ärmeln. „So, jetzt holt mal den Gameboy raus und den Walkman und das Taschenmesser!" „Wieso?" Paul tat dumm. „Ha'm wir nich", log Pit. „Und was ist in euren Schultaschen, ihr Unschuldslämmer?!"
Ein Blick genügte, und sie mussten alles zugeben. Da kam einiges zutage: ein Taschenrechner, Ralfs Walkman, eine Uhr, ein Füller, eine Schirmmütze und das Taschenmesser von Benjamin. Peinlich! Die beiden saßen klein und geknickt da, auf Schlimmes gefasst.
„Bitte nicht meinem Vater sagen, der schlägt mich windelweich!" „Und nicht meiner Mutter sagen, dann wird sie noch kränker!"
Der Lehrer sah prüfend erst Pit, dann Paul an und überlegte eine Weile. Die beiden saßen wie auf Kohlen. Dann nickte er. Er würde nichts sagen, wenn so etwas nicht wieder vorkäme. Er gab ihnen noch einmal eine Chance. Er wusste, dass sie klauten, weil sie sich zu wenig beachtet fühlten, und er nahm sich vor, sich mehr um die beiden zu kümmern. Aber er ersparte es ihnen nicht, die Sachen in aller Öffentlichkeit zurückzugeben. Sie mussten in die einzelnen Klassen gehen und Gameboy, Walkman, Messer, Mütze, Uhr, Füller und Taschenrechner ihren Besitzern übergeben. Peinlich!
Henrik, Jan und Benjamin waren plötzlich die Helden des Tages. Denn es waren ja viele

betroffen gewesen, aber nur sie drei hatten gewagt, etwas zu tun. Alle waren sich einig: Das war kein Petzen. So etwas durfte nicht geheim bleiben.

Als Pit und Paul am nächsten Tag auf den Schulhof kamen, wirkten sie ein bisschen wie ausgestoßen. Immer, wenn sie sich einer Gruppe von Kindern näherten, rief jemand: „Achtung!" Sie waren in den nächsten Tagen isoliert und gebrandmarkt. Das gefiel ihnen gar nicht. Nun mussten sie beweisen, dass „Abzocker" nicht immer „Abzocker" bleiben müssen. Aber das ist eine andere Geschichte.

Stichel

Es war einmal ein kleiner Igeljunge. Stichel hieß er und lebte mit Papa Igel und Mama Igel in einer Höhle im Wald. Er lebte gerne da, kannte alle Blumen und Bäume rundherum und spielte oft mit den anderen Igelkindern von nebenan. Sie übten z. B. Stacheln-Raus-strecken, balgten sich und erzählten sich vom Fuchs und anderen Räubern. Es gruselte sie dann ein bisschen, wenn sie sich ausdachten, wie der Fuchs sich heranschlich und sie alle ihre Stacheln aufstellten. Und sie lachten laut, wenn sie sich vorstellten, wie der Fuchs aufheulen würde, wenn er sich stach.
Stichel war ein kräftiger, mutiger kleiner Igel. Aber er schmuste auch gerne und machte es sich gemütlich. Du kannst dir vielleicht nicht vorstellen, wie Igel schmusen. Oh ja, sie können ihre Stacheln dann ganz flach anlegen und sie ganz weich machen. Dann stupsen sie sich zärtlich mit ihren Nasen. Ja, Stichel konnte ganz schmusig sein und gemütlich… Leider,

leider war es bei ihm zu Hause in letzter Zeit oft recht ungemütlich. Denn Vater Igel ging oft weg, und wenn er zurückkam, stritten sich Papa Igel und Mama Igel und stellten ihre Stacheln gegeneinander, statt wie früher warm und gemütlich mit Stichel zusammenzuliegen. Stichel bekam dann Angst und stellte unwillkürlich auch seine Stacheln ein bisschen hoch, obgleich gar kein Fuchs da war.

Ja, so ungemütlich war es bei der Igelfamilie geworden. Keiner von ihnen war glücklich.

Eines Tages wurde es der Igelmama zu viel, und sie ging mit Stichel auf und davon in einen anderen Wald, in eine andere Höhle.

Der kleine Stichel war sehr, sehr traurig, denn er musste ja alles, was er kannte, verlassen. Und er war auch wütend, denn er hatte Angst vor dem Neuen, Fremden, und er fürchtete, dass er seinen Igelvater nie wiedersehen würde. Dann wären er und seine Igelmama sehr einsam. Und da Stichel gelernt hatte, in der Not seine Stacheln pieksig zu machen, kam es dazu, dass er das jetzt immer öfter tat. Denn er war ja in Not. Die Igelmama piekste sich nun oft an ihm und weinte dann oder schimpfte.

Aber sie war eine kluge Igelmama und merkte eines Tages, dass ihr kleiner Stichel seine Stacheln so oft aufstellte, weil er unglücklich war. Sie wusste, dass er innen drin ganz weich war.

Und sie wartete eine Weile. Dann fragte sie den kleinen Stichel, ob sie ihm zeigen sollte, wie man seine Stacheln weich machen kann, wenn man will. Und der Stichel war auch ein kluges Igelkind und versuchte es – seiner Mutter zuliebe. Aber so sehr er es auch versuchte, es gelang ihm leider immer nur eine ganz kleine Weile. Er wurde einfach immer wieder pieksig.

Da dachte die kluge Igelmama weiter nach. Schließlich gab sie sich einen Ruck, rief den kleinen Stichel zu sich und machte sich mit ihm auf zu ihrem alten Wald und ihrer alten Höhle. Papa Igel steckte überrascht den Kopf heraus. Dann stupste er Stichel lustig mit der Nase und balgte sich mit ihm. Stichels Stacheln waren plötzlich ganz weich, gar nicht pieksig. Er war glücklich. „Bleiben wir jetzt immer hier?", fragte er hoffnungsvoll. Mama Igel und Papa Igel schüttelten ihre Igelköpfe. „Aber wir besuchen uns, Stichel", sagte der Igel-Papa. Der kleine Igel nickte. Dann balgte er sich weiter mit dem Papa.

Nach und nach lernte Stichel nun, seine Stracheln zu zähmen. Er hatte ja jetzt immer etwas, worauf er sich freuen konnte.

Und endlich hatten sie es wieder manchmal sehr gemütlich. Es war nicht so wie früher, aber es war auf eine neue Weise gut so.

Sofie holt sich Rat

Schon wieder verbrachte Sofie die große Pause auf dem Klo. Sie hockte hinter der verschlossenen Tür, denn sie fürchtete sich vor den Jungen, die sie sicher wieder finden würden, um sie zu ärgern. Immer wurde sie geärgert. Keiner mochte sie. Alle waren gegen sie. Solche Gedanken rasten durch ihren Kopf und sie war heilfroh, als es klingelte. In der Klasse war sie geschützt, da tat ihr keiner etwas. Da hatten sie Angst vor der Lehrerin, diese Feiglinge.
Die Lehrer der ganzen Schule machten sich Sorgen um Sofie, weil sie so viel weinte und sich versteckte. Alle kannten Sofie und ihr Problem. Und alle waren bemüht, ihr zu helfen. In gewisser Weise genoss Sofie das. Der Nachteil war aber, dass die Kinder sie deswegen noch mehr ärgerten, denn sie war jetzt Sofie, die Besondere.
Am liebsten wäre sie unsichtbar gewesen, am

liebsten hätte sie einen anderen Namen gehabt, am liebsten wäre sie gar nicht mehr Sofie gewesen. Ja, manchmal wünschte sie sich, gar nicht mehr da zu sein.

Nun nahte Fasching. Alle freuten sich schon. Aber Sofie mochte gar nicht daran denken. Sie sah sich schon verfolgt von den Piraten, Cowboys und Räubern. Sie dachte daran, wie die Mädchen wieder über sie und ihr Kostüm kichern und witzeln würden. Wenn sie sich mal traute, den Gedanken an das Fest an sich heranzulassen, grübelte Sofie, in welche Rolle sie schlüpfen sollte, wenn sie überhaupt hinginge.

Sofies Mutter redete ihr gut zu. Sie sagte: „Wenn du dich immer ausschließt, bist du nachher ganz allein." Da überwand sich Sofie schließlich. Sie erschien als Gespenst, eingehüllt in ein weißes Laken, in das sie zwei Löcher für die Augen geschnitten hatte. Aus diesen Gucklöchern konnte sie alles beobachten, aber keiner sah sie. Es war beinahe wie Unsichtbarsein unter einer Tarnkappe. Sie war dabei und doch geschützt.

So schwebte Sofie durch das Schulhaus und geisterte durch alle Klassen. Wen sie traf, der kreischte kurz auf. Einmal war ihr sogar, als ob ein größerer Junge vor ihr davonlief!

Sofie suchte sich einen unbeobachteten Platz auf einer hohen Fensterbank und schaute sich die frechen Jungen aus ihrer Klasse einmal von oben an.

Da war der schlimmste: Benno. Er war als Pirat erschienen und ärgerte gerade Nadine, die als Prinzessin verkleidet war. Er zog sie an

den Haaren und rief: „Iih! Das soll 'ne Prinzessin sein?!" Sofie erzitterte unter ihrem Gespensterschleier. Jetzt würde Nadine sicher weinen und wegrennen. Doch was sah sie? Nadine lachte und gab Benno einen Puff. „Bestimmt schöner als du mit deiner Augenklappe!", rief sie und tat so, als sei gar nichts gewesen. Dann kicherte sie schon mit Beke herum, die als Katze verkleidet war.
Sofie wunderte sich sehr. Das, was sie erwartet hatte, war nicht eingetreten. Und warum?? Nadine hatte Bennos Bemerkung einfach nicht so ernst genommen. Sofie sah es ganz klar durch ihre Gespensteraugen: Nadine mochte sich eben selber leiden.

Alles lag daran, dass Sofie sich selbst nicht leiden konnte. Sie mochte ihre schönen blonden Haare nicht, ihre dunklen braunen Augen, ihren Namen. Alles an sich mochte sie nicht. Wie konnte sie sich da auch vorstellen, dass jemand anders sie gern hatte.
Ihr kleiner Bruder, der mochte sich. Fast nie hatte er Streit mit jemandem. Der Ärger und die Tränen stiegen schon wieder auf in Sofie. Ärger über ihren Bruder, über alle Leute, die ihn netter fanden, über ihren Vater, der einfach eine neue Familie gegründet hatte und sich um diese fremden Kinder kümmerte und nicht um sie. Und ihre Mutter hatte das alles zugelassen, und sie hatte nie Zeit für sie. Vor allem aber haderte Sofie mit sich selbst. Sie fand sich eben doof. Wenn das anders wäre, dann könnte sie wie Nadine über das alles lachen, und dann würde keiner sie mehr richtig ärgern

können. Es würde ihr keiner etwas anhaben können, wenn sie sich selber mögen könnte... Aber das würde sie wohl nie schaffen... Sofie war der Faschings-Gespenster-Spaß plötzlich vergangen. Als Geist kann man sich ja nun ohne weiteres verflüchtigen. Und so verschwand sie einfach und ging nach Hause. Dort war sie allein und ziemlich verzweifelt. Sie brauchte Hilfe. Lange hielt sie den Hörer in der Hand, bis sie Mut fasste: Sie rief Lena an, ein Mädchen, das sie vom Reiten kannte. Und das war die beste Idee, die sie seit Langem gehabt hatte, denn solchen Kummer sollte man nie mit sich allein herumschleppen.

Lena hörte sich eine Weile an, was da schluchzend aus der Leitung kam. Dann rief sie ihre Mutter Sonja, und das war eine sehr gute Lösung, denn Sonja war Therapeutin.

Sofie war sehr skeptisch, als sie mit ihrer Mutter zur Beratungsstelle ging. Sie konnte sich nicht vorstellen, dass ihr irgendjemand helfen würde. Sie hatte Angst, ja, ihr war beinahe schlecht vor Aufregung, und sie nahm sich vor, kein Wort zu sagen.

Als sie dann in dem Zimmer mit Sonja zusammensaßen, hockte Sofie zusammengekauert im Sessel, während ihre Mutter Sonja erklärte, worum es ging. Sofies Haar verdeckte ihr Gesicht wie ein Schutzschild, und ihre Hände hatte sie tief in die Ärmel ihres überlangen Pullis gezogen. Aber ihre Ohren waren weit geöffnet. Sie war überrascht, denn ihr wurde plötzlich klar, dass sie gar nicht alleine war. Ihre Mutter wusste ja viel mehr von ihren Kümmernissen, als sie geahnt hatte! Und da

war diese Frau, Sonja, die sie nicht zwang, sie anzusehen oder zu reden. Sonja fand es offenbar ganz in Ordnung, dass Sofie da so zurückgezogen in ihrem Schneckenhaus kauerte.
So fasste Sofie langsam Vertrauen.

Inzwischen sind viele Monate vergangen, und wenn jetzt Fasching wäre, würde sich Sofie sicher nicht mehr hinter einem Gespensterschleier verstecken. Sie käme vielleicht nicht gerade als Tiger oder Monster, denn das passt einfach nicht zu ihr, aber vielleicht würde sie es wagen, eine Krone aufzusetzen.
Es hatte seine Zeit gedauert, aber Sofie hatte bei Sonja gelernt, sich mit sich selbst wieder anzufreunden. Es gab da plötzlich einen Menschen, der sie mochte, der sie so ließ, wie sie war, und der unendlich viel Geduld zu haben schien. Da konnte sie endlich auftauen. Sie spielten und redeten, malten und modellierten. Ein ganzes Buch hatte sie beschrieben und bemalt. Sie hatten es „Das Buch der schönen Augenblicke" genannt. Darin waren – wie in einem Sticker-Album – alle kleinen Augenblicke gesammelt, bei denen Sofie entdeckt hatte, dass sie sich mag: Als ihr kleiner Bruder die Rechenaufgabe nicht konnte und sie ihm half… Als Oma ihr dankte, weil sie von sich aus abgewaschen hatte… Als sie vom Rodeln kam und ihre Backen von der Kälte so glühten… Als das braune Pferd auf der Weide ihr aus der Hand fraß… Als sie sich einmal überwunden hatte, nicht zu petzen… Als ihr der neue Pulli so gut stand… Manche dieser Augenblicke waren sogar im Foto festgehalten.

Und so war ein dickes Buch entstanden über Sofies Freundschaft mit sich selber.

Bei Sonja machte sie die Erfahrung, dass es Zeit zum Lachen und Zeit zum Traurigsein gibt, Zeit zum Toben und zum Ausruhen, zum Zornigsein und zum Anlehnen, und dass alles dies zu ihr gehörte und in Ordnung war.

„Hey, Sofie!" Benno knufft sie auf dem Schulhof in die Seite: „Was hast du denn da für 'ne blöde Spange im Haar?" Was Sofie jetzt wohl macht?... Was würdet ihr tun? Es gibt ja viele Möglichkeiten: heulen, weglaufen, lachen, eine frech-witzige Antwort geben, so tun, als ob man nichts gehört hätte, zum Aufsichtslehrer laufen und sich beschweren, sich verstecken, ein Spiel vorschlagen, mit der Freundin kichern, sich prügeln... Ja, was, findet ihr, wäre das Beste, was Sofie tun könnte? Oder kann jeder nur selber wissen, was für ihn das Beste ist? Es gibt ja viele Möglichkeiten...

Der Klau-Max

Felix weiß selbst nicht mehr, wie es eigentlich passiert ist. Es ist so schnell gegangen. Ruckzuck haben seine Finger das Taschenmesser genommen und in die Hosentasche gleiten lassen. Das Messer gehört seinem Freund Rolf. Der war gerade aus dem Zimmer gegangen.
Wie heißes Eisen scheint das Messer nun in seiner Tasche zu glühen. Felix wird richtig rot vor Hitze und sieht zu, dass er schnell nach Hause kommt.
In seinem Zimmer holt er das Messer aus der Tasche. Wo soll er es bloß verstecken? Am besten wohl bei seinen Legos. Nein, da kann Rolf es womöglich morgen sehen, wenn er kommt... Unter den Pullis?... Nee, da findet Mama es bestimmt... Zwischen die Bücher in die Ecke?... Ob Rolf da rangeht? Lieber nicht!... Dann stopft Felix es ganz tief unter die Matratze...

Zuerst kann er nicht einschlafen. Eigentlich hat er vor lauter Versteckerei noch gar keine Zeit gehabt, das Taschenmesser in Ruhe auszuprobieren. „Ob Rolf es wohl schon gemerkt hat? Bestimmt denkt er jetzt, dass ich es war. Und ob er es seiner Mutter erzählt und den Kindern in der Klasse womöglich?..." Endlich schläft Felix doch ein.

Auf dem Schulweg am nächsten Tag hat er etwas Bauchweh. „Gleich fragt Rolf sicher nach seinem Messer", denkt er. Aber Rolf fragt nicht. „Ob er sich das noch aufspart und erst in der Pause fragt?" Rolf fragt nicht, sondern spielt Ball. „Bestimmt auf dem Heimweg!" Felix wird ganz flau zumute; er beschäftigt sich in Gedanken so sehr damit, dass er nicht aufpassen kann, um sich die Schularbeiten zu merken. Rolf fragt auch auf dem Heimweg nicht. Er hat wohl immer noch nichts gemerkt.

Zuhause schmeckt Felix das Essen nicht. Seine Mutter ist mit der kleinen Schwester beschäftigt. „Wie immer", denkt Rolf, aber er ist diesmal ganz froh, nicht beachtet zu werden. Er verzieht sich schnell in sein Zimmer und holt das Taschenmesser hervor. Es hat nämlich eine Schere und eine kleine Säge. Da hört er ein Geräusch! Weg damit! Mutter kommt!... Nein, es ist doch nichts... wieder hervorgeholt... Aber irgendwie kann er sich an diesem Ding nicht mehr so recht freuen. Er wäre froh, wenn er es dem Rolf wiedergeben könnte, dann wäre alles wie vorher. Doch den Mut hat er einfach nicht, wie ein Dieb dazustehen. Vielleicht später.

Felix stopft das Messer wieder in sein Versteck und will Schularbeiten machen. Aber er hat keine Ahnung, was sie aufhaben. Rolf anrufen? Nein! Der hat vielleicht schon alles gemerkt. Er würde sicher an seiner Stimme hören, dass er der Dieb ist. Da geht er lieber ohne Schularbeiten zur Schule.

So vergehen die Tage. Nach und nach vergisst Felix das Messer, an dem er keine Freude finden kann.

Das Nächste ist, dass Barbaras Bonbon-Dose ihm seit Tagen schon so verlockend vor den Augen steht, wenn er an ihrem Schrank vorbeikommt. Immer hebt seine Schwester ihre Süßigkeiten so lange auf! Heute kommt er nicht daran vorbei. „Nur drei nehme ich, das fällt nicht auf. Mhhh!" Beim nächsten Mal kommen wieder drei dazu und abends, als Barbara sich etwas nehmen will, ist die Dose leer. Klar, seine Schwester fängt natürlich gleich an zu brüllen, die alte Zicke. Mutter kommt. „Felix, hast du die Bonbons genommen?" „Nein, Mama, sie hat sie sicher selber aufgegessen." Barbara bestreitet das, heult weiter und immer lauter. Mama glaubt ihm nicht, tröstet Barbara, schilt ihn und schenkt seiner Schwester zum Trost eine Tafel Schokolade. Jetzt ist sie endlich ruhig.

Da sitzt er nun in seinem Zimmer und der Bauch tut schon wieder weh..., ein bisschen von den vielen Bonbons..., ein bisschen vom schlechten Gewissen..., ein bisschen aus Sehnsucht danach, auch getröstet zu werden.

In solchen Momenten denkt er an seinen Papa, der nun nicht mehr bei ihnen wohnt und den er nicht besuchen darf, weil seine Eltern sich dann wieder streiten würden. Das sagt die Mutter... Ob sein Papa auch schon mal etwas weggenommen hat, als er klein war?

Einige Tage später, als Felix aus der Schule kommt, liegt Rolfs Taschenmesser auf seinem Tisch. Felix wird blass, als er es sieht. Das Mittagessen schmeckt wieder nicht, und diesmal merkt Mutter es. „Felix!" Da, jetzt kam es sicher. „Felix, woher hast du eigentlich das tolle Taschenmesser, das ich unter deiner Matratze gefunden habe?" „Ach", stottert er, „das hab ich gefunden." Mutter schweigt. Ob sie es glaubt?

In den nächsten Tagen bemerkt Felix, dass Mutter ihn beobachtet, sie spricht öfter mit ihm. Sonst wäre ihm das sehr lieb gewesen, doch nun fürchtet er, sie könnte es seinen Augen ansehen, dass er gestohlen und gelogen hat... Felix ist hundsmiserabel zumute. Er braucht Hilfe. Aber wie?

Das dritte Mal geschieht es, als er Mutters Portemonnaie offen in der Küche liegen sieht. Irgendwie kommt es über ihn – und ein bisschen denkt er auch: „Jetzt ist ja sowieso alles egal, und es geschieht ihr ganz recht." Er nimmt ein Zweieurostück und schleicht sich damit raus. Ein dickes Eis kauft er sich davon, und seltsamerweise hat er diesmal kein Bauchweh... Er fühlt sogar eine gewisse Überlegenheit und Verachtung den anderen gegenüber, die ihn nicht durchschauen... Irgendwie gewöhnt man sich wohl an alles, sogar ans Stehlen... Naja, wenn Mutter es merkt, dann muss er vielleicht gehen, wie Papa... Wohin wird er dann gehen?… Vielleicht kann er ja dann sogar zu seinem Vater?

Da kommt Mutter um die Ecke. „Felix!", ruft sie ernst und zieht ihn an der Hand nach Hause. Nun ist ihm klar, dass sie alles weiß. „Felix, ich muss mit dir reden!" Das klingt sehr ernst. Er hat immer noch den Rest des Eis-Hörnchens in der Hand, als sie am Tisch sitzen in der Küche. Und auf dem Tisch liegt das offene Portemonnaie… Da fängt Felix bitterlich an zu schluchzen, und alle Tränen, die schon lange in ihm gesteckt haben, fließen wie Sturzbäche aus seinen Augen. Zu den Tränen kommen dann Worte, ziemlich zerstückelt erst und stotternd, aber er bringt alles Wichtige heraus, all das, was ihn so belastet hat, was ihm so viel Bauchweh gemacht hat, und dann auch gleich noch die Sache mit der Schwester, die die Mutter ja sicher viel lieber hat, und mit Papa…

Felix hat eine weise Mutter. Sie hat ihn in den Arm genommen, seine Tränen getrocknet, ihm geduldig zugehört. Und nun erzählt sie ihm vom *Klau-Max,* einem kleinen Kobold, der Kinder zu dummen Sachen anstiftet und sie so im Griff haben kann mit seinen kleinen Langfingern, dass es sehr schwer ist, ihn ohne Hilfe zu besiegen.

Nun machen die beiden einen Plan:

Der erste Teil des Planes: den Klau-Max ärgern. Ja, es ist ähnlich wie bei Trödelmonstern und Nasch-Hexen, aber doch wieder ganz anders. Man ärgert nämlich den Klau-Max, diesen winzigen Burschen, der einem aus seinem kleinen, spitzen Mund mit listigen Gier-Augen und schnellen, schmeichelnden Langfingern seine Klau-Ideen ins Ohr flüstert, am besten, indem man die gestohlenen Sachen wieder zurückbringt und allen entstandenen Schaden wiedergutmacht.

Felix darf es heimlich tun, damit es nicht so schwer ist. Der Klaukobold wird dann klaukoboldswild werden vor Wut. Man muss damit rechnen, dass er erstmal neue Klau-Ideen ausheckt.

Dann kommt der zweite Teil des Planes zur Anwendung, nämlich, wie er den Klau-Max überwinden kann. Und dazu braucht er einen Zauberstein. Den schenkt ihm die Mutter. Immer wenn er wieder etwas Glitzerndes, Verlockendes liegen sieht und Lust hat, es zu nehmen, hilft ihm der Zauberstein. Er kann dann erkennen, dass der Klau-Max ihn wieder hypnotisieren will. Er aber wird sich einfach abwenden und statt dessen diesen runden, glatten, schmeichelnden, blauen Zauber-Edelstein ganz fest in seiner Hand drücken. Das wird den Klau-Max dann endgültig in die Flucht schlagen und ihm die letzte Macht nehmen.

„Ein gutes Ablenkmanöver ist auch", erklärt ihm die Mutter, „einfach etwas anderes zu tun: spielen, singen oder etwas, wozu man richtig Lust hat. Dann merkt dieser Kerl, dass man das Interesse an ihm gänzlich verloren hat."

Rolf findet am nächsten Tag sein Taschenmesser wieder, ohne Verdacht zu schöpfen. Felix atmet auf.

Das Sparen für das Geld und die Süßigkeiten

ist schon etwas schwieriger. Aber er hat selber den Wunsch, alles wiedergutzumachen.
Von Zeit zu Zeit drückt er jetzt seinen Stein. Das alleine scheint den Kobold schon zu vertreiben. Doch Felix ist trotzdem auf der Hut... Und das mit Recht!

Am Sonntag ist Familienbesuch bei Tante Rosi. Die Erwachsenen reden und reden. Barbara ist auf Mutters Schoß eingeschlafen. Felix wird es langweilig. Er sieht sich in der Wohnung um. Naja, Tantengeschmack, nichts dabei für siebenjährige Jungen... Aber da... im Regal... da schimmert doch etwas!... Da steht die Sparsäule, eine von diesen Säulen aus Glas, in denen die Leute ihre Zweieurostücke sammeln... Felix nähert sich dem Ding... Es zieht ihn magnetisch dorthin... Ihr könnt euch schon denken, wer da zieht!... „So viele silberne Geldstücke, da fällt es gar nicht auf, wenn ein oder zwei fehlen", wispert es in seinem Ohr... „Du brauchtest dann nicht so lange zu sparen, um deine Schulden abzuzahlen." „Nein!!!" In diesem Moment hat Felix in seiner Tasche den runden, glatten, beruhigenden Stein gedrückt. Und plötzlich zieht das glitzernde Geld ihn nicht mehr so stark an. Der Stein wirkt!
Sicherheitshalber geht er doch lieber zu den anderen. „Lasst uns Mau-Mau spielen!" (Der Trick mit dem Ablenkmanöver.)
Und während sie gemeinsam spielen, drückt er ganz verstohlen – sicherheitshalber und auch ein wenig dankbar – in der Tasche seinen Stein. Man kann ja nie wissen!

Etwas Gutes ist übrigens aus dieser Geschichte noch entstanden. (Keiner hätte gedacht, dass Klau-Koboldgeschichten auch etwas Gutes bewirken können!) Felix darf seinen Vater jetzt ab und zu besuchen.

Mit all diesen Aufregungen hat Felix auch die Erwachsenen zum Nachdenken gebracht.

Der Sorgenpulli

Es war einmal eine Familie, in der machte sich jeder um jeden Sorgen und auch noch über vieles mehr. Eine richtige Sorgenfamilie war das. Stolperte einer, so befürchteten die anderen gleich einen Beinbruch. Wenn man einmal nieste, wurde man besorgt gefragt, ob man sich erkältet habe, und bekam Tropfen. Bei einer Vier im Zeugnis dachten alle schon gleich ans Sitzenbleiben. Die Sorgen gingen also ein und aus und nisteten sich in allen Ecken und Winkeln des Hauses ein.
In dieser Sorgenfamilie lebte Johanna. Worüber sie sich Sorgen machte, will ich lieber nicht aufzählen, sonst hört die Geschichte nie mehr auf.
Aber ich möchte erzählen, dass Johanna die Einzige war, die die Nase voll hatte von dieser Sorgerei. Sie hatte es satt, in diese griesgrämigen Sorgengesichter zu blicken. Sie wollte viel lieber fröhlich sein wie andere Kinder.

Nur wusste sie nicht wie. Sie fühlte sich von den Sorgen eingesponnen wie in grauen, filzigen Fäden und gefangen wie in einem Spinnennetz oder einem dicken, schweren, kratzigen Pulli.

Aber eines Nachts hat Johanna einen Traum: Viele Kinder tun etwas gemeinsam. Sie lachen. Sie ribbeln nämlich einen dicken, grauen, pieksigen Pulli auf. Einige halten ihn, andere ziehen an den filzigen Fäden. Und während sie ziehen, sehen sie immer wieder Tränen aus der Wolle heraustropfen und kleine, hässliche, graue Geister herausschlüpfen, mit hängenden Köpfen, zerfurchten Stirnen, verzerrten Mündern und schlaffen Ohren. Jedes Mal wenn so ein Sorgengeist herauspurzelt wie aus einem Wunderknäuel, stoßen die Kinder alle ein lautes, fröhliches Gelächter aus. Da verschwinden die Biester in den nächsten Mauselöchern.

Als nun der ganze Pulli aufgeribbelt ist, beginnen die Kinder die Fäden im klaren, sprudelnden Bach zu waschen, lange und gründlich, bis auch die letzte Träne und der letzte Sorgengeist herausgespült ist. Und dann färben sie die Wolle in allen Farben des Regenbogens und zaubern alles wieder zusammen zu einem wunderschönen, bunt leuchtenden Pulli. Als der bunte Pulli fertig ist, da hört man aus den Mauselöchern am Bachufer einige Sorgengeister ganz jämmerlich heulen.

Johanna wacht von ihrem eigenen Lachen auf. Sie lacht so laut, dass sich die anderen schon wieder Sorgen machen. Ist Johanna jetzt plötzlich verrückt geworden?

An diesem Morgen zieht Johanna den buntesten Pulli an, den sie hat, und die Ermahnungen, sie könne sich erkälten, bringen sie nur wieder zum Lachen, und als sie die griesgrämigen Gesichter der anderen am Frühstückstisch sieht, sagt sie: „Wisst ihr, wie ihr ausseht? Wie die Sorgengeister in meinem Traum, mit ihren hängenden Köpfen, zerfurchten Stirnen, verzerrten Mündern und schlaffen Ohren!" Da zucken sie alle erstmal zusammen. Doch dann, während sie Johannas Traum anhören, verwandeln sich plötzlich ihre grauen Sorgengesichter für einen Augenblick und ein bunter Schimmer huscht durch das Zimmer.

Onkel Bruno kennt einen Trick

Grässlich! Timo sieht das Monster schon wieder in seinem Zimmer. „Mama!", brüllt Timo, „Mama!" und flüchtet ins Schlafzimmer unter Mamas Decke. Mama knurrt wenig erfreut und rückt etwas beiseite. Aber Timo gibt sich damit nicht zufrieden. „Es war wieder da – das gleiche wie neulich! Grün und grässlich, am Fenster! Mama, ich schlafe nie wieder in meinem Zimmer!"
Timos Zähne klappern, sein Atem geht stoßweise, er zittert und hat Gänsehaut vor Angst. Ganz eng drückt er sich an seine Mutter. „Das ist kein Monster", sagt sie vorwurfsvoll, denn inzwischen ist auch sie hellwach. „Das sind doch nur die Äste von der Linde vor deinem Fenster."
Als sie Timo überredet hat, mit ihr mal nachzusehen, sieht er zwar die Äste vor dem Fenster, aber das kann ihn nicht beruhigen. Er *weiß*, dass es ein Monster war. Er hat ja eins

gesehen, und es sah grässlich aus! Nein, er schläft hier nicht.

So verbringen die beiden mal wieder die Nacht zusammen im Bett, obgleich Timo nun schon fünf ist. Am Morgen sind sie müde von dieser Monster-Nacht und Timo kriegt wieder schlecht Luft, wie neulich. Seine Mutter ist sehr besorgt und lässt ihn nicht in den Kindergarten gehen. Timo ist das ganz recht. Im Kindergarten hat er zwar noch keine Monster getroffen, aber den blöden Jan, der ihn immer ärgert, und die Erzieher sind auch nicht so lieb zu ihm wie Mama. Da bleibt er lieber zu Hause.

An diesem Morgen folgt Timo seiner Mutter auf Schritt und Tritt, sogar aufs Klo muss er mit. So sehr sie ihn auch bittet, er spielt nicht in seinem Zimmer. Wie sorgenvoll sie ihn immer anguckt, wenn sein Atem wieder einmal pfeift! Von diesem Sorgenblick kriegt auch er Angst, beinahe wie beim Anblick des Monsters. Dann bleibt ihm die Luft erst recht weg, und er muss sich noch mehr an seine Mutter klammern.

So richtig gemütlich scheint dieser Tag nicht zu werden, eher langweilig, grau. Ja, es herrscht gedrückte Angst-Monster-Luft.

Da klingelt es. Timo rennt zur Tür. Endlich mal eine Abwechslung! Überraschungsbesuch von seinem Lieblingsonkel Bruno!

Mit einem Mal ist es laut bei ihnen und lustig. Und auch sonst passiert eine Menge.

Bruno ist ein weitgereister Mann. Er ist schon fast in der ganzen Welt gewesen, hat vieles gesehen und gehört. Er glaubt Timo die Sache mit dem Monster. Er findet, das könne nicht mehr so weitergehen, und verspricht, ihm zu helfen.

„Pass mal auf!", sagt er, „wir machen jetzt etwas, was ich bei einem weltberühmten Angstbändiger-Meister in Australien* gelernt habe. Dazu brauchen wir vier Dinge: einen festen Schuhkarton mit Deckel, eine gute Schnur, Malpapier und Buntstifte." In Windeseile hat Timo alles beisammen.

„Jetzt musst du mir das Monster erstmal aufmalen. Denn wir müssen es ganz genau ansehen." Timo nimmt sich ein großes Blatt Papier und malt ein ekelhaftes, riesiges, grünschwarzes Monster mit grässlichem Maul, fürchterlichen Glubschaugen und langen, schwarzen Krallen. „Aha, diese Sorte ist es also", sagte Bruno mit Kennermiene. „Ich kann verstehen, dass der dir unheimlich ist! Aber keine Sorge, mit dem Burschen werden wir schon fertig! Hattest du sonst noch irgendein Ungeheuer zu Gast? Nein? Gut, dann sperren wir dieses Monster jetzt in den Kasten ein und schnüren ihn sehr gut zu."

Timo faltet das Blatt zusammen und legt es in den Karton, dann wickelt er die Schnur ein paarmal darum. Das tut gut, so ein Monster einzusperren! „Kann es da wirklich nicht raus?" „Nein, das hält monstersicher!" Timo kommt es so vor, als habe er ein leises Winseln gehört. Aber ganz sicher ist er sich nicht.

----

*Gemeint ist Michael White (siehe auch Literaturliste).

„Und jetzt?" „Jetzt machen wir ein Foto davon, wie Timo, der Mutige, ein Monster eingesperrt hat."

Timo hält seinen Monsterkarton so stolz in die Höhe wie ein Angler, der den Fang des Jahres gemacht hat, aber er hält ihn sich ordentlich vom Leibe.

Dann öffnet der Onkel Timos Kinderzimmerfenster, blickt sich um und zeigt auf einen Ast genau vor der Scheibe. „Hier hängst du es jetzt dran, dann verliert es ganz den Boden unter den Füßen. Vielleicht wirst du es nachts sogar winseln hören. (Aha! Also doch!) Aber lass es auf jeden Fall draußen! Nur tagsüber kannst du es mal reinholen, dann ist es harmlos. Du kannst dann mit ihm spielen. Und vielleicht willst du ihm ein paar Spielgefährten malen. Oder du legst ihm kleine Geschenke in den Karton, damit es nachts nicht winselt und dich in Ruhe lässt."

Timo schließt das Fenster, denn es wird schon dunkel. Er fühlt sich so beruhigt und stark wie lange nicht, und auch seine Mutter lächelt hoffnungsvoll.

In dieser Nacht kommt Timo kein einziges Mal aus seinem Bett. Er schläft wie ein Murmeltier, und man kann ihn sogar leise schnarchen hören. Aber vielleicht war das auch das Monster, das im Karton stöhnte.

Der Onkel blieb sieben Tage. Und es war so spannend mit ihm, dass Timo den Monsterkarton völlig vergaß. Er lernte nämlich noch mehr Tricks von Bruno: zum Beispiel wie man auf dem Fahrrad ohne Stützräder das

Gleichgewicht hält und wie man ohne Schwimmflügel im Wasser nicht untergeht.

Als Timo am achten Tag der Monsterkasten wieder einfiel, hatte der Wind ihn längst fortgeblasen. Aber jetzt brauchte er ihn auch gar nicht mehr.

Die Nasch-Hexe

Wer von euch hat schon einmal Bekanntschaft mit der Nasch-Hexe gemacht? Keiner? Das kann doch nicht stimmen! Kennt keiner von euch das Gefühl, nicht aufhören zu können, wenn es die Lieblingsnudeln gibt? Oder wie es ist, zehn Negerküsse hintereinander aufzufuttern? Ihr kennt nicht das Bauchweh zu Weihnachten vom bunten Teller?... Mal ehrlich, wir alle kennen sie – die Nasch-Hexe, die dahintersteckt!

Meistens, wenn wir ganz glücklich sind, uns nicht langweilen, weil wir interessante Dinge zu tun haben, wenn wir mit Freunden spielen und lachen oder wenn wir einfach träumen, uns Geschichten ausdenken, kurz gesagt: wenn wir uns wohlfühlen, dann kann uns die Hexe nichts anhaben. Wir sind mit anderem beschäftigt – erfüllt mit vielen Freuden oder Ideen oder Bildern oder Melodien. Aber wenn es uns so geht wie Kathrin, von der ich euch gleich erzählen werde, ist die Sache schon nicht mehr so einfach.

Kathrin war nämlich ganz und gar nicht glücklich und erfüllt. Von außen sah ihr das zwar keiner sofort an, denn sie versteckte ihren Kummerspeck geschickt unter bunten Schlabberpullis. Innerlich aber sah es bei Kathrin oft dunkel und traurig aus.

Sie hatte schon vieles miterlebt, seit sie auf der Welt war. Erst hatten sich ihre Eltern immerfort gestritten. Denn Vater war oft betrunken nach Hause gekommen. Manchmal hatte er Mutter sogar geschlagen. Kathrin hatte dann immer zitternd vor Angst im Bett gelegen. Damals begann sie damit, sich mit Knabberzeug zu beruhigen. Das tröstete sie in ihrem einsamen Bett.

Später ließen ihre Eltern sich dann scheiden.

Eine Zeit lang waren Kathrin und ihre Mutter nun allein gewesen. Das war Kathrins schönste Zeit. Mutter hatte viel mit ihr unternommen. Sie hatte ihr wie einer Freundin alles erzählt, obgleich sie erst zehn Jahre alt war.

Seit dem Sommer hatte Mutter nun den neuen Freund. Ein fremder Mann bei ihnen in der Wohnung, und sie sollte ihn auch noch Papa nennen!… Nein, Kathrin konnte das nicht über die Lippen bringen, sie konnte ihm nicht gehorchen. Er war nicht ihr Vater, wenn er auch so tat.

Mutter turtelte immer um ihn herum, ging mit ihm abends aus und fand wohl, dass nun alles in Ordnung sei. Sie verstand bestimmt gar nicht, glaubte Kathrin, wie es ihr ging mit diesem fremden Mann!

Zuerst versuchte sie, ihn wieder aus dem Haus zu treiben. Sie wurde frech, gab patzige Antworten, ließ sich von ihm nichts sagen. Manchmal redete sie einfach nicht mit ihm. Aber da wurde alles noch viel schlimmer, denn sie hatte nun auch noch Mutter gegen sich.

Kathrin gab den Kampf auf und zog sich mehr und mehr in ihr Zimmer zurück. Einsam war sie da, und innen fühlte es sich ganz leer an. Da begann Kathrin wieder, sich mit Süßigkeiten zu trösten. So hatte sie wenigstens etwas, um ihre Sehnsucht ein wenig zu stillen… Bis sie eines Tages merkte, dass sie sich nicht mehr bremsen konnte; sie aß und aß und wurde doch nie satt. Sie konnte sich nicht mehr beherrschen, denn es herrschte jetzt die – naja – die Nasch-Hexe über sie. Die hatte sich ihrer bemächtigt. Sie hatte sie in den Fängen, lockte mit ihren fetten Fingern: „Komm, nur noch einen Keks, iss noch ein bisschen, es wird dir guttun, es wird dich trösten!", kicherte sie mit ihrer heiseren Stimme und grinste über ihr breites, feistes Gesicht. Stück für Stück verschwand in Kathrins traurigem, einsamem Bauch. Klar, dass sie allmählich pummelig wurde!

Kathrin irrte sich, wenn sie glaubte, dass ihre Mutter nichts von ihrem Kummer bemerkte. Mütter merken meistens mehr, als Kinder glauben, aber sie sind eben auch mit ihren Dingen beschäftigt und können nicht so leicht heraus aus ihrer Erwachsenenwelt. Da ist es manchmal beinahe weise von den Kindern, wenn sie auf sich aufmerksam machen und die Großen ein wenig aufwecken.

Kathrins Mutter sah, was ihr Kind alles in sich hineinfraß, und begann sich ernste Sorgen zu machen. Sie versuchte, Diät zu kochen, und versteckte die Süßigkeiten. Alles umsonst.

Schließlich ging sie mit ihr zu einer Frau, von der es hieß, sie kenne sich mit diesen Dingen aus. Und von dieser Frau erfuhren die Mutter, der Stiefvater und Kathrin zum ersten Mal von der Nasch-Hexe, und dass sie nur bei Kindern bleibt, die einsam sind, traurig oder einfach gelangweilt.

„Aber du kannst sie vertreiben, auch wenn sie eine Hexe ist", beruhigte die weise Frau die ängstlich blickende Kathrin. „Da die Nasch-Hexe ja bekanntlich nur zu einsamen, traurigen Kindern kommt, wollen wir mal herausfinden, wann du zuletzt fröhlich warst und wie du das gemacht hast." Und sie entwickelten gemeinsam einen Plan, wie Kathrin die Fröhlichkeit von damals wieder zurückholen könnte. Kathrin und ihre Mutter hatten eine Menge Ideen, und der Stiefvater machte den Vorschlag, dass man doch mal wieder eine gemeinsame Radtour planen könnte. Plötzlich waren ihre sorgenvollen Gesichter wieder heiter geworden.

„Nun kommt das zweite", fuhr die Frau fort: „Probiere unbedingt, die Nasch-Hexe *selber* zu vertreiben! Dabei wird dir die Zauberflöte helfen, die ich dir mitgebe. Nasch-Hexen hassen nämlich Musik, und zwar besonders, wenn die Töne schön klingen. Schrille Kreischtöne lieben sie dagegen. Wenn du also den festen

Wunsch hast, die Hexe endgültig zu bekämpfen, dann komm nur oft zu mir, ich werde dich lehren, aus dieser Flöte zauberhafte Nasch-Hexen-Vertreib-Töne zu zaubern."

Bei der nächsten Gelegenheit, als die Hexe wieder zu locken begann und mit ihrer heiseren Stimme die leckeren Brocken anpries, steckte Kathrin statt der Leckerbissen ihre Flöte in den Mund. Ja, es klang wirklich schön, eine zauberhafte, sanfte, heitere Musik ertönte. Der Duft der Kekse stieg ihr verlockend in die Nase und Kathrin fühlte sich hin- und hergerissen, aber eigenartigerweise halfen die Töne wirklich! Sie spielte und spielte und merkte, wie sie da etwas bezwang, das von ihr Besitz ergreifen wollte. Sie verscheuchte dieses graue, scheußliche, lockende Wesen und fühlte sich ausgefüllt von den Tönen, die in ihr schwangen.
Naja, immer klappte es natürlich nicht so gut, es gab Tage, an denen sie die Flöte in der Ecke vergaß und wieder ein inneres Loch mit Schleckereien zu stopfen versuchte. Auch gab es einen Rückfall, als sie mal wieder eifersüchtig auf ihren Stiefvater war.
Aber nach und nach kam es, dass die Nasch-Hexe einfach keine Macht mehr über Kathrin hatte und sich gekränkt und beleidigt aus dem Staube machte.

Eine unheimliche Nacht

„Du Beni, hast du das gehört? Dieses Geschnupper! Wach auf! Irgendwas raschelt! Da ist jemand!" Benjamin fuhr hoch und lauschte angestrengt mit angehaltenem Atem in die Nacht. Moritz und er schliefen heute zum ersten Mal allein im Zelt. Spannend hatten sie das gefunden. Der Vater hatte das Zelt mit ihnen zusammen aufgebaut. Sie hatten wie echte Pfadfinder eigenhändig die Heringe in den Boden gerammt und die Planen daran befestigt. Dann hatten sie sich das Zelt gemütlich eingerichtet mit Matratzen, Decken und Kissen. Benjamin hatte sicherheitshalber noch seinen Schlafbären geholt, und Sebastian, ihr großer Bruder, stellte ihnen großzügig seine Taschenlampe zur Verfügung. „Falls es euch unheimlich wird im Dunkeln." Als ob es ihnen unheimlich würde! Sie waren doch schon sechs!

Und nun saßen sie da mit einer Gänsehaut und fürchteten sich. Und wie! Was war das bloß, dieses schreckliche Geräusch hinter der Zeltwand? „Wo ist die Taschenlampe?", flüsterte Moritz. Die war aber verbuddelt. Sie konnten sie nicht finden. Es war stockdunkel. „Woll'n wir mal rausgucken?", schlug Benjamin bibbernd vor. Sie lugten beide vorsichtig durch eine Ritze. Da! Der Schatten! Das war zu viel. „Papa!" Moritz rief aus Leibeskräften um Hilfe: „Hier ist ein Ungeheuer!"
Wie tröstlich, als der Vater kam, sich zu ihnen hockte und sie mit beiden Armen so warm und sicher umfasste.
Als sie nun gemeinsam hinausguckten, sahen sie das „Ungeheuer" plötzlich mit schärferen Augen: ein Buckel, langer Schwanz, spitze Ohren: Pussi von nebenan! Vor der waren sie so erschrocken?
„Na, wollt ihr doch lieber ins Haus?", fragte der Vater lächelnd. Nein, das konnten sie nicht auf sich sitzenlassen. Sie waren doch schon sechs!
„Einen Tipp geb ich euch noch, wenn die Angst wiederkommt, ich kenn da einen kleinen Zauberspruch:

Drei Mal atmen: 1, 2, 3
Und schon ist die Angst vorbei!

Hilft ausgezeichnet. Na, dann gute Nacht!"
Die beiden Jungs schlossen die Zelttür besonders gründlich, legten sich die Taschenlampe griffbereit und krochen dann beruhigt unter ihre Decken.

„Pussi sah aber auch wirklich wie ein Ungeheuer aus! Ich fand, ihre Augen glühten richtig", flüsterte Moritz. „Mmh", gähnte Benjamin, „vor der hätte sich Sebastian im Dunkeln
auch gefürchtet." „Wir sind mutig, dass wir
geblieben sind, nicht?!" Nun war ihr Selbstbewusstsein wiederhergestellt. Sie gähnten beide. Stille…
Diesmal hatte Benjamin es zuerst gehört. Es
war noch viel unheimlicher als vorhin! Ein
ganz deutliches Kratzen an der Zeltwand ließ
ihm einen kalten Schauer über den Rücken
laufen. Jetzt auch noch ein Husten! Er musste
Moritz wecken! „Hörst du das auch? Wie war
noch der Spruch? Mach die Lampe an!"
Moritz murmelte schlaftrunken:

„Drei Mal atmen: 1, 2, 3,
Und schon ist die Angst vorbei."

Da hatte das Kratzen schon aufgehört. Sie
lauschten wieder angespannt. Da – ein Klappern auf der Terrasse! Und da dämmerte es
Moritz. Er prustete los vor Lachen. „Weißt du,
wer das war? Der Igel! Meine Mutter gibt ihm
abends immer etwas in den Napf. Und der
hustet immer so komisch."
Nachdem sie sich ordentlich ausgekichert hatten, schliefen Moritz und Benjamin dann aber
endlich tief ein, und am nächsten Morgen
waren sie mächtig stolz auf sich.

Die Prinzessin und der Hofnarr

Es war einmal eine kleine Prinzessin. Sie hieß Isabella, und sie war sehr schön. Da der König und die Königin nur diese einzige Tochter hatten, liebten sie sie ganz besonders und hegten und pflegten sie, so sehr sie konnten. Die Kammerzofen mussten sie verhätscheln. Sie brachten ihr die köstlichsten Speisen und die herrlichsten Spielsachen, die man sich nur denken kann. Man las ihr die schönsten Geschichten vor, vermied aber jede, die etwas Böses enthielt, damit sie sich nicht fürchte. Die Kammerdiener hüteten sie, damit ihr kein Leid geschah. Nicht mal eine Fliege durfte das Gemach der Prinzessin betreten und Kinder erst recht nicht.
Täglich wurde sie in den königlichen Gärten spazieren geführt. Ein Diener hielt einen Schirm über sie, damit die Sonne sie nicht verbrennen und der Regen sie nicht abkühlen könne. Sie trug goldene Knieschützer und

einen mit Edelsteinen verzierten Sturzhelm, damit sie sich nicht stoßen konnte. Jeder verneigte sich vor ihr, wenn sie vorüberging, und räumte schnell jedes Hindernis aus ihrem Weg auch den kleinsten Kieselstein.

Am anderen Ende des Schlosses lebte noch ein anderes kleines Mädchen, Josefine. Sie war die Tochter der Hofköchin. Sie trug weder Knieschützer noch Sturzhelm, ja sie ging sogar immer barfuß. Sie hüpfte leichtfüßig über jedes Hindernis oder durch Pfützen und Bäche, und ihr helles Lachen hallte manchmal zur Prinzessin herüber, wenn das kleine Hündchen der Köchin so tollpatschig an Josefine hochsprang. Josefine half ihrer Mutter, die königlichen Kartoffeln zu schälen und die goldenen Töpfe zu waschen, und sie war immer vergnügt. Nur manchmal schaute sie ein wenig sehnsüchtig drein, wenn in der Ferne der goldene Helm der Prinzessin in der Sonne blitzte und ihre Gewänder gar so prächtig leuchteten.

Eines Morgens ging ein Raunen durch das Schloß: „Die Prinzessin hatte einen Alptraum! Sie ist jetzt voller Angst! Sie fürchtet sich vor Gespenstern, am hellichten Tag!" So flüsterte einer dem anderen ins Ohr.

Der König und die Königin runzelten besorgt ihre Stirnen. Isabella wollte nicht mehr aus ihrem Zimmer gehen, sie verlangte, dass man die Fenster verhülle. Dann wieder fürchtete sie sich im Dunkeln und man musste alle Leuchter anzünden. Sie aß nicht und trank nicht, und keiner wusste einen Rat.

Der König befahl, die Wachen vor dem Zimmer der Prinzessin zu verstärken. Sie standen da, mit Spießen bewaffnet. „Hier kommt keiner durch!", sagten sie zur Prinzessin, um sie zu beruhigen. Doch die Prinzessin wusste ja, dass Gespenster sich nicht von Wachen aufhalten lassen, und fürchtete sich weiter.

Der König ließ eine goldene Hängematte aufhängen, denn die Prinzessin weigerte sich, in ihrem Bett zu schlafen. Aber auch das half nichts.

Der Leibarzt suchte die Prinzessin auf und gab ihr jeden Tag eine neue Arznei. Aber die Prinzessin saß blass und zitternd mit aufgerissenen Augen in ihrer goldenen Hängematte und fürchtete sich weiter.

Die weisen Ratgeber des Königs zerbrachen sich die Köpfe – ohne Erfolg.

Der Hofzauberer versuchte alle seine Tricks. Umsonst!

Als alles probiert worden war und die Prinzessin sich immer noch weiter fürchtete, rief man den Hofnarren. Der verneigte sich lächelnd vor dem König und versprach ihm, die Prinzessin in sieben Tagen von ihrer Angst zu befreien, unter einer Bedingung: Es dürfe keiner zu ihr außer ihm, dem Hofnarren. Der König willigte ein. Was blieb ihm anderes übrig?

Im Zimmer der Prinzessin gingen nun geheimnisvolle Dinge vor sich. Man hörte Gemurmel, Geraschel, Geplapper, ja sogar Gekicher. Der Hofnarr ging ein und aus und nahm auch die Speisen entgegen.

Am ersten Tag wurden die Speisen unberührt wieder hinausgereicht. Am zweiten Tag war ein wenig daran genippt worden. Am dritten Tag war alles ratzeputz leergegessen. Und am vierten Tag verlangte der Narr sogar die doppelte Menge. Ein Aufatmen ging durch das Schloss. Man schöpfte wieder Hoffnung. „Die Prinzessin isst wieder!" So ging es von Mund zu Mund. Und wer normal isst, der kann nicht mehr ganz so viel Angst haben.

Am fünften Tag allerdings gab es einen großen Aufruhr. Die Wachen schrien vor Schreck auf und fuhren auseinander. Der Hofnarr nämlich, der gerade zur Prinzessin hineinging, schien etwas Unsichtbares hinter sich her zu ziehen, und dieses Unsichtbare bellte laut! „Das war das Gespenst!", schrien alle durcheinander. „Hexerei!"

Am sechsten Tag waren die Wachen noch verängstigter, denn zweimal öffnete sich die Tür der Prinzessin auf magische Weise, ohne dass überhaupt jemand zu sehen war. Es fegte ein Lufthauch an ihnen vorbei. Ja, eine der Wachen fühlte sogar einen Rippenstoß. Das ging wirklich nicht mit rechten Dingen zu, fanden die Wächter, und es gruselte sie. Dann aber ertönte Isabellas Stimme, sie kicherte und lachte. „Die Prinzessin lacht!", rief man sich im Schloss zu. Der König und die Königin waren überglücklich und wollten gleich zu ihr eilen, aber sie erinnerten sich an ihr Versprechen und warteten geduldig. Die Prinzessin lachte, und wer lacht, hat keine Angst!

Nun kam der siebte Tag. Wie aufgeregt waren der König und die Königin! Sie wachten schon ganz früh auf und ließen gleich den Hofnarren rufen.

Der Hofnarr führte sie zum Zimmer der Prinzessin. Unterwegs in den langen Gängen des Schlosses warnte er sie: „An ein Kind, das keine Angst hat, muss man sich aber erstmal gewöhnen, denn es verhält sich anders als ein braves, ängstliches Kind!" „Wir werden Isabella immer lieben", riefen der König und die Königin, „und ihr jeden Wunsch erfüllen. Hauptsache, sie ist die schreckliche Angst los!"

Als sie das Zimmer der Prinzessin betraten, erstarrten sie. Es war leer, keine Prinzessin zu sehen. „Tja, da muss sie wohl draußen sein!", sagte der Hofnarr mit komisch gerunzelter Stirn. „Draußen?!", riefen der König und die Königin erschrocken. Der Narr führte sie hinaus. Doch die Prinzessin war auch in den königlichen Gärten nicht zu finden.

„Sie ist fort!", jammerten der König und die Königin. „Naja, dann kann sie nur noch in der Küche sein", lächelte der Hofnarr geheimnisvoll. „In der Küche?!" Der König und die Königin rangen die Hände. Doch dann betraten sie vorsichtig hinter dem Hofnarren zum ersten Mal in ihrem Leben die königliche Küche. Da saß nur die Hofköchin und schälte die königlichen Kartoffeln. Keine Prinzessin! „Hier ist sie auch nicht", seufzten der König und die Königin. Sie traten vor das Haus. Da hörten sie von einem Baum herunter ein lautes Kindergelächter.

„Tarnkappen wegwerfen!", rief der Narr. Den königlichen Eltern blieb fast das Herz stehen:

Oben in der Baumkrone sahen sie ihre Prinzessin und das Kind der Köchin. Sie saßen in einem Baumhaus! Ohne Sturzhelm und barfuß! Was konnte da passieren! Lachend kletterten die Kinder vom Baum herunter. Ihre ängstliche Prinzessin Isabella kletterte auf Bäume! Isabella sprang dem König in die Arme, und er fing sie noch ziemlich zitterig von all dem Schrecken auf. „Es ist wunderbar da oben, willst du auch mal raufklettern?", rief Isabella. Da kicherte der Narr, und die Königin und der König mussten auch lachen. Und da lachten die Diener und die Kammerfrauen, und der ganze Hofstaat fiel in das Gelächter ein.

Alle feierten ein großes Fest und aßen und tranken und tanzten zusammen, und das Hündchen der Köchin bellte und hüpfte lustig dazu. Isabella und Josefine aber waren am allerglücklichsten. „Endlich habe ich eine Freundin!", rief die Prinzessin immer wieder. „Endlich bin ich nicht mehr alleine!"

Der König und die Königin aber hatten ihre Freude an ihrer fröhlichen Prinzessin.

„Hofnarr, eines möchte ich nun aber endlich von dir erfahren", sagte der König: „Was hast du eigentlich in den sieben Tagen mit der Prinzessin gemacht und wozu brauchtet ihr die Tarnkappen?" „Dienstgeheimnis!", lachte der Narr und schlug einen Purzelbaum. „Es war höchste Zeit, dass das Kind aus seinem goldenen Käfig herauskam! Und weil Ihr es nie ertragen hättet, mitanzusehen, wie Euer Kind ohne Sonnenschirm und Knieschützer barfuß mit einem schmutzigen Hündchen tobt und all die Dinge ausprobiert, die normale Kinder eben ausprobieren müssen, brauchten wir die Tarnkappen des Zauberers."

Da nickte der König, denn im Grunde seines Herzens war er ein weiser Mann.

Paulas Sorgenpuppen

Paula wälzte sich im Bett herum. Sie wartete auf den Schlaf. Aber je mehr Paula wartete, umso mehr verzog sich der Schlaf. Und statt dessen erschienen all ihre großen und kleinen Sorgen und Ängste und geisterten in ihrem Kopf herum. Als Paula sich eine lange Stunde so herumgewälzt hatte, fiel ihr schließlich etwas ein:
Wo war noch der kleine, bunte Beutel mit den winzigen Püppchen, den Großmutter ihr neulich mitgebracht hatte? Die Sorgenpuppen. Sie würden ihr helfen. Da – zwischen all ihrem Kram auf dem Schreibtisch schimmerte ein bunter Zipfel hervor.
Paula erinnerte sich wieder an das, was ihr die Großmutter erzählt hatte: wie sie als Kinder früher ihre Sorgen und Kümmernisse abends ihren Schutzengeln übergeben hatten. Viele Kinder in Südamerika legten sich zu dem Zweck ihre Sorgenpuppen unter das Kopfkis-

sen. Die Puppen trugen dann alle Sorgen fort.
„Wer weiß", hatte die Großmutter gesagt,
„vielleicht arbeiten die ja mit den Schutzengeln zusammen."

Paula holte alle sieben Püppchen vorsichtig
aus dem Beutel. Jedem von ihnen flüsterte sie
nun etwas zu von dem, was sie bedrückte.
Uff! Das war wie Ranzenabwerfen am Freitag! Erleichternd!
Dann bettete sie die Püppchen sorgsam unter
ein Taschentuch, damit sie es schön warm hatten… Langsam wurde sie schläfrig.
Nun erschienen Bilder vor Paulas geschlossenen Augen. Die winzigen, bunten Püppchen
begannen sich unter der Decke zu regen. Sie
wuchsen! Und vor ihnen lag ein großer, hässlicher Berg. Das waren Paulas Sorgen.
Eine von ihnen rief: „Kommt, lasst uns anfangen!" Da spuckte die Kräftigste von ihnen in
die Hände, hob einen dicken, ekligen Sorgenbrocken auf die Schulter und schmiss ihn in
hohem Bogen zum Fenster hinaus.
Auch die anderen begannen mit Schwung, den
Sorgenhaufen abzutragen, bis er schließlich
ganz verschwunden war.
Paula hörte ein Püppchen rufen: „Ich bring die
Sorgen dem Wind, der pustet sie weg geschwind!"
„Und ich bring sie den Wellen, den schnellen", rief ein blaues.
Ein drittes sang: „Ich mach's mit Gesang und
Flötenklang."
Und das vierte: „Ich *tanze* mit den Sorgen,
schlapp sind sie morgen."

Das fünfte kicherte: „Mit Lachen werd ich die Angst vertreiben."
Und das sechste: „Mit Pinsel und Farben rück ich ihr zu Leibe."
Das siebte schwieg und legte lächelnd den Zeigefinger auf seinen Mund.
Auch Paula lächelte im Schlaf. Sie sah einen warmen, bunten Lichtschimmer um sich herum.

Als Paula am nächsten Morgen aufwachte, waren ihre Sorgen tatsächlich verflogen. Die Sorgenpuppen lagen ganz ruhig unter ihrer Decke.
„Schlaft euch nur aus!", sagte Paula, „ihr habt ja genug gearbeitet."

Entspannungs-Übung für Kinder

Unser Cockerspaniel war Weltmeister im Entspannen. Er machte das so: Erst suchte er sich einen ruhigen, warmen oder kühlen Platz, je nach Wetterlage. Dann drehte er sich ein paarmal um sich selbst, bis er die bequemste Haltung herausgefunden hatte, und dann ließ er sich einfach fallen. Er schnaufte dann noch ein paarmal tief, schloss die Augen und weg war er. Eingeschlafen.
Du hast sicher auch einen ruhigen Platz zum Ausruhen. Dort kannst du dich zurechtkuscheln, wie es dir am behaglichsten ist. Du kannst aber genauso gut da sitzen bleiben, wo du gerade bist…
Noch bist du nicht ganz ruhig…
Es wird noch eine Weile dauern, bis du ganz loslassen kannst und deine Muskeln ganz entspannt sind…
Aber vielleicht möchtest du dich auf eine erholsame Gedanken-Reise begeben?…

Magst du gerne in einem Boot dorthin fahren?… Oder auf einem Pferderücken dorthin reiten?… Auf einem fliegenden Märchen-Teppich… oder einer Wolke schweben?… Vielleicht gehst du auch lieber zu Fuß?… Alles ist möglich. Such dir aus, wie du die Reise in dein Land der Ruhe machen willst…

Es dauert nicht lange, und du bist angekommen…

Dort sieht alles so aus, wie du es gerne magst… Die Sonne scheint. Es ist gerade richtig warm…

Vielleicht gibt es Wasser…

Vielleicht blühende Wiesen…

oder Berge…

Schau dich um in deinem Land…

Die Luft ist rein und klar…

Es duftet gut…

Von Weitem dringen Klänge an dein Ohr… Vogelgesang… Glockenklänge… Musik… Blätterrauschen…

Inzwischen ist dein Atem tiefer und ruhiger geworden. Vielleicht sind dir die Augen zugefallen – oder auch nicht. Natürlich kannst du auch mit offenen Augen träumen…

Lächelnd gehst du weiter in deiner Landschaft. Du selbst kannst bestimmen, wie schnell du gehen willst und welchen Weg du nimmst…

Weiter gehst du, mühelos und leicht…

Die Luft streift sanft über deine Haut und dein Haar…

Da siehst du eine freundliche alte Frau. Sie kommt dir entgegen, lächelt dich an und gibt dir etwas Glänzendes, Buntes: einen Zauberstein. Er fühlt sich ganz glatt und kühl an in deiner Hand, und du merkst im gleichen Augenblick, wie seine Kraft auf dich übergeht. Es ist wie bei einem Zaubertrank: Du fühlst dich stark und unverwundbar. Du trägst eine unsichtbare Rüstung. Da sagt die Frau: „Mit diesem Stein kannst du jede Angst wegzaubern, wann immer du willst." Sie winkt dir freundlich zu und geht fort.

Du weißt, dass das Ziel der Reise jetzt erreicht ist, und du kehrst langsam um... Du kannst dir viel Zeit lassen, zurückzukehren...

Du kannst fühlen, dass die Kraft des Zaubersteins weiterwirkt... immer wenn du es brauchen wirst, kannst du dich in dein Land der Ruhe begeben, den Zauberstein wieder in die Hand nehmen und dir Kraft holen... jederzeit...

Nun bereite dich langsam darauf vor, in diesen Raum zurückzukehren... Atme tief ein, balle deine Hände zu Fäusten und öffne die Augen.

Literatur

Berg, Insoo Kim: Familien-Zusammenhalt(en). Ein kurz-therapeutisches und lösungs-orientiertes Arbeitsbuch, 6. Aufl., Dortmund 1999.

Berg, Insoo Kim und Miller, Scott D.: Kurzzeittherapie bei Alkoholproblemen. Ein lösungsorientierter Ansatz, 3. Aufl., Heidelberg 1998.

De Jong, Peter und Berg, Insoo, Kim: Lösungen (er-)finden. Das Werkstattbuch der lösungsorientierten Kurztherapie, Dortmund 1998.

DeShazer, Steve: Der Dreh. Überraschende Wendungen und Lösungen in der Kurzzeittherapie, 5. Aufl., Heidelberg 1998.

DeShazer, Steve: Wege der erfolgreichen Kurztherapie, 6. Aufl., Stuttgart 1997.

Imber-Black, Evan u. a.: Rituale. Rituale in Familien und Familientherapie, 3. Aufl., Heidelberg 1993.

Mrochen, Siegfried, Holtz, Karl L. und Trenkle, Bernhard (Hg.): Die Pupille des Bettnässers. Hypnotherapeutische Arbeit mit Kindern und Jugendlichen, 3. Aufl., Heidelberg 1997.

Tomm, Karl: Das Problem externalisieren und die persönlichen Mittel und Möglichkeiten internalisieren, in: Zeitschrift für Systemische Therapie, Heft 3, Juli 1989.

Vogt-Hillmann, Manfred und Burr, Wolfgang (Hg.): Kinderleichte Lösungen. Lösungsorientierte Kreative Kindertherapie, Dortmund 1999.

White, Michael: Ängste bekämpfen und Ungeheuer zähmen, in: Familiendynamik, Heft 4, 1986.

White, Michael: Selected Papers, Adelaide 1989.

White, Michael: Therapie als Dekonstruktion, in: Schweitzer, Jochen u. a.: Systematische Praxis und Postmoderne, Frankfurt a. M. 1992.

White, Michael: Der Vorgang der Befragung: Eine literarisch wertvolle Therapie, in: Familiendynamik, Jg. 14, 1989, S.114-128.

White, Michael und Epston, David: Die Zähmung der Monster. Der narrative Ansatz der Familientherapie, 3. korr. und überarb. Aufl., Heidelberg 1998.

Therapeutische Geschichten von Erika Meyer-Glitza

iskopress

Erika Meyer-Glitza
CD: Jacob der Angstbändiger
7 Geschichten gegen Kinderängste

Spielzeit ca. 70 Min.
ISBN 978-3-89403-021-6

Erika Meyer-Glitza
Wenn Frau Wut zu Besuch kommt
Therapeutische Geschichten für impulsive Kinder

94 Seiten, Paperback
ISBN 978-3-89403-189-3

Erika Meyer-Glitza
Ein Funkspruch von Papa
Therapeutische Geschichten zu Trennung und Verlust

95 Seiten, Paperback
ISBN 978-3-89403-179-4

Für nähere Informationen fordern Sie bitte unser Gesamtverzeichnis an:

iskopress
Postfach 1263, 21373 Salzhausen
Tel.: 04172 / 7653
Fax.: 04172 / 6355
E-Mail: iskopress@iskopress.de
Internet: www.iskopress.de